新・男子校という選択

おおたとしまさ

JN230245

日経プレミアシリーズ

はじめに

いまや日本の教育システムにおいて、男子校は圧倒的なマイノリティである。全国にある高校のうち、生徒が男子のみの高校はわずか二・二%しかない。戦後の教育改革による共学化政策が大きな理由だが、昨今はさらに「社会には男女がいるのだから共学が自然」という大義名分がその存在をおびやかしている。

しかし私は、特殊と受け取られがちな「男子校という環境」が備えている機能にあえて注目している。男子校と共学校のどちらが優れているかを論じたいわけではない。共学校が圧倒的マジョリティであることを前提として、共学校と男子校は社会の中で共存できないのか、多様性の少ない日本の学校制度において男子校はオルタナティブ教育になり得ないのかが本書の論点だ。

本書はまず、現代社会において男の子が抱える問題や、進学実績においては男子校が圧倒的優位にあること、男子校の歴史的背景を押さえる。

男子のみという環境が人格形成にもたらす長所や短所を探るため、現役の男子校教員へのインタビューも試みた。さらには男子校ＯＢの著名人の言葉を借りて、生活の実態や学校生活で得られるものの価値を追究した。主に学力面での男女別学校の優位性については、海外での教育事例や研究結果も紹介する。

また、男子校のなかにもさらに多様性があることを示すため、三八の男子校の校風を紹介する。一般の学校ガイドなどと併せて読んでいただければ、より立体的に学校の実態をつかむことができると思う。

本書が、息子をもつ多くの親に気づきをもたらすものとなれば幸いである。

※本書は二〇一一年発刊の『男子校という選択』を新版化したものである。共学化してしまった学校を省き、旧版では掲載できなかった学校を追加した。また、可能な場合にはデータも更新し、新しい知見やインタビューを加えて再構成した。

目　次

第2章 現役教員が本音で語る、男子校の魅力とアキレス腱

男子校育ちは女性との協働に不利？
共学がジェンダーバイアスを再生産するメカニズム
同性への理解が深いから、異性への理解も深まる

第3章

バンカラ？　それともジェントルマン？
「男の園」を垣間見る

ほかのやつが付いてこられないことをやる
過剰さが否定される社会では男子校の優位性が消える
親が社会の荒野化にあらがえば男子校は復活する

第6章 海外で見直される男女別学校の価値

イギリスでも成績上位の八割は男女別学校
受験戦争が激しい韓国の事情
男子の成績は共学よりも良くなる
「男の子はなぜ女の子より劣るのか」
男女別学の公立校が増えたアメリカ
共学では「発達障害」でも別学では「優秀者」
理想的な学校とは?
男の子のために手を打たなければならない
「らしさ」にとらわれにくい
学習意欲や自信を高めやすい

第　1　章

偏差値六〇台の共学校よりも
偏差値五〇台の男子校

なぜ男子たちは生きにくさを感じているのか

「男の子に元気がない」「草食系男子」「肉食系女子」などという言葉が聞かれるようになって久しい。

単なる印象や局地的な現象ではなく、実際にそういう傾向が広まっていることを示す調査結果がある。ベネッセ教育研究開発センター（当時）が二〇〇九年に行った「第二回子ども生活実態基本調査」だ。その報告書の中で、目白大学教授の黒沢幸子氏は「乙Men（オトメン）現象」という言葉を用いて、近年の男子の変化を説明している。

- 男子は、遊ぶ友だちや相談できる友だちの数が、ともに顕著に増加した
- 仲間はずれにならないように、話が合うように、友だち関係に気を使う男子が特に小、中学生で増加している
- 女子よりも男子が群れる傾向にある
- 小中学生で、女子に比べて疲れやすい男子や、外見を気にする男子が増加している

- 高校生では、なりたい職業がある女子は六割近くだが、男子は四割あまりにとどまる
- 男子は女子よりも、大きな会社で収入が多く、休みが多いことが大切だと考えている
- 将来幸せになっていると思うのは女子のほうが多い
- 男子女子ともに半数あまりが、結婚したら家事や育児は男女同等に行うと考えている
- 小中学生では、女子は成績が良いと親に褒められることを勉強の励みにする傾向が高まっているが、男子はそれほどではない

そして黒沢氏は次のように分析する。

「これらの結果から、男女平等意識が進み、女子の生き方の選択肢や社会進出が広がる一方で、男子は勉強して稼いで一家を支えるべきという意識が根強くあることも垣間見え、男子の生きづらさがうかがわれる。このようななか、男子はお互いを傷つけあわないように空気を読みながら群れて、内向きな安定志向で、安心を分かち合っているのかもしれない。その背景には、母親との密着、父親モデルの不明瞭さも影響しているように思われる」

良くも悪くも草食化する男子の心理的メカニズムを端的に表現していると言っていいだろ

う。

そして黒沢氏は、低年齢から生じる男子の生きづらさの原因の一部として、「ダブルバインドのコミュニケーション」と「親子カプセル」の二つを挙げている。

まず、ダブルバインドのコミュニケーションとは、言葉では「あなたの好きなようにしなさい」と言いながらも「私を満足させるようにやりなさい」という本心をにじませるようなコミュニケーションのこと。いわゆる「表面的に優しい親」に多いパターンだ。

ダブルバインドのメッセージを過多に受け取った子どもは、自分の好きなようにはできず、かといって親に反抗することもできず、生きにくさを感じる。

それに対し、ひと昔前の俗にいう「頑固おやじ」は、良くも悪くも裏表のないシングルバインドなコミュニケーションを行っていたと黒沢氏は指摘する。「ダメなものはダメ」という一枚板のような態度だ。子どもは従うべきには従い、従えない場合には真っ向から反抗することができる。

黒沢氏は「今さら頑固おやじの復権を求める必要はない」と断りながら、「自分の立場や主張をはっきりさせたシンプルな一方向のメッセージを伝えられるように意識し努力することも、子どもの思春期の自立に向けて求められるであろう」としている。

次に、親子カプセルとは、主に、母子が密着状態にあることをいう。

調査結果からは、特に小六から中二にかけて親子の会話が増え、親子関係がより親密になっていることがわかった。反抗期はあまり顕在化せずに、せいぜいプチ反抗期がある程度だという。黒沢氏はこの現象を「友だち親子化」と表している。

親子関係が親密になることは一見良いことのように思えるのだが、ここに罠がある。

小六から中二といえば思春期のはじまり。親と微妙な距離をとりはじめ、親たちの示す価値観に対し違和感や嫌悪感を表しながら、自己理解を深めて自分らしさを模索し自立に向かう、大切な時期である。それが欠如しつつあるというのだ。

心理的に自立できない子どもは、ぬるま湯のような心地よい家庭環境とは裏腹に、得体の知れない生きにくさを感じるようになる。

男の子は女の子の二〇倍喧嘩する

性差よりも個人差が大きいことは言うまでもない。「男の子だから」とか「女の子だから」

という決めつけは好ましくない。「男の子らしさ」とか「女の子らしさ」という概念も、ジェンダー意識の刷り込みになりかねない。

しかし集団として見た場合、男の子の言動や発達のありように一定の傾向があろうことは、誰もが感覚的に感じていることだろう。これを完全に証明することは非常に困難だが、「やはり」と思わせるエビデンスがないわけでもない。

心理学者のジャネット・レヴァー氏は、約一年間にわたってアメリカのさまざまな小学校を訪れ、子どもたちの遊びを観察した。すると、男の子は女の子の約二〇倍喧嘩をしていることがわかった。そしてさらに驚くことには、喧嘩をした男の子たちは多くの場合、喧嘩をする前よりも親密になったというのである。女の子の場合は逆に、めったに喧嘩をしない代わりに一度喧嘩をすると長期間にわたって悪い感情が続いたそうだ。

チンパンジーの研究でも似たような傾向が見られる。オスのチンパンジーにとって喧嘩とは相手の様子を知るための関わり合いであり友情に向けての第一歩であるが、メスのチンパンジーはめったに喧嘩をしない代わりに一度やったら絶交状態になってしまうと、アトランタにあるヤーキス霊長類研究センターの霊長類学者フランス・ド・ヴァール氏が報告している。

核家族化で失われた男子教育

育児界には「男の子問題」という言葉がある。「男子が男子らしくない。男子がのびのびと育つ環境や男子への適切な関わり方がもっと理解される必要がある」という、教育現場や各界の専門家からの指摘によるものだ。教育や児童心理の専門誌ではたびたび特集が組まれているし、「男の子」をテーマにした育児本は売れている。

男の子問題の背景には、母親をはじめとして幼児期の男子に関わる大人の大半が女性であり、彼女たちが男子の特性を理解できないと、「乱暴」「がさつ」「下品」などという男子に多く見られる未熟さが過度に否定されてしまうという状況がある。

ありのままにふるまう自分を否定され続けた男子は自己表現をしなくなる。自己の欲求にも鈍感になり、大人の言うことに素直に従い、第二次性徴期を迎えても反抗すらしない。そのまま従順で自己主張もない大人になる。その姿が草食系と映るのだろう。

草食系が必ずしも悪いわけではない。もともと草食系の気質をもって生まれた男子も多いだろう。草食系には草食系の良さがあることはいうまでもない。しかし、本来は肉食系であるはずなのに早々に牙を抜かれ、草食化されてしまうのは気の毒だ。

ただし、本人には牙を抜かれた自覚がない。彼らは無意識のなかで「何かがおかしい」と感じながら生きることになる。そして自分でも原因のわからない生きにくさを抱えることになるのだ。

そこに社会のムードが追討ちをかける。

幼児期からすり込まれた通りに従順に振る舞い続けた結果、ある時期からは「頼りない」と揶揄されるようになる。しかしそこで男らしさを誇示しすぎれば、それはそれで批判の対象となる。もう自分では、どう振る舞っていいのかわからないのだ。

男子が生きにくさを感じる一方、親も育てにくさを感じている。そもそも男子の言動は女性には理解しにくいといわれやすいが、それだけではない。背景には戦後の核家族化があると考えられる。

大家族が基本で、地域社会が活発だったころには、祖父やおじ、兄弟、近所のおやじ、やんちゃ坊主など、男子のまわりには父親以外にもたくさんの男性がいた。良くも悪くも幼い男子の未熟さは彼らのなかで守られていたのだ。

また、母親も身の回りの男性から「男の子ってそういうものなのね」ということを経験的にわきまえていた。しかし現在の子育てでは、子どものまわりの登場人物が圧倒的に少ない。母親にとっても身近な男性サンプルが少ない。母親は手探りで未知なる生物を育てなければならず、男子にはロールモデルが見つからない。

男子のありのままの言動が前向きに認められて育つ環境は、社会の構造としてすでに損なわれているといえる。

女子の生育環境における登場人物も少ないのだが、母親が同性であることは大きな救いである。また、幼稚園や保育園の先生などは女性が多く、男子に比べれば同性に囲まれている率は高い。

男子校出身者は絶滅危惧種⁉

このような環境で育った男子がのびのび、いきいきと自分らしさを開花させるチャンスとして、第二次性徴期いわゆる思春期に男子校という一見特殊に見える環境に身を置くことの価値に着目したいのだ。

図1　全国の高校の数

区　分	計	国立	公立	私立
計	4,897	15	3,559	1,323
男女ともにいる学校	4,473	13	3,506	954
男子のみの学校	107	1	14	92
女子のみの学校	299	1	32	266
生徒のいない学校	18	—	7	11

※文部科学省「学校基本調査」（2018年度）より。男子校あるいは女子校という分類ではなく、現実に在学している生徒の状況により分類して集計したもの。

武蔵の高野橋雅之教諭は「現在は『男女の能力には共通部分が多いはず』ということを前提に考える社会です。また、男の子の特性と女の子の特性とを集合の関係を図式化したベン図で表わせば、重なっている部分はたしかに多いのですが、重なってない部分も確実にあります。そしてその違いは決して無視できないはずなんです。そこに着目しようというのが男子校や女子校の教育だと考えています」と言う。

ところが、男子校は少ない。

二〇一八年度の文部科学省の調査（図1）によると、全国に高校は四八九七ある。うち「男子のみの学校」は一〇七校。たったの二・二％だ。ちなみに「女子のみの学校」は二九九校

図２　全国の高校数の推移

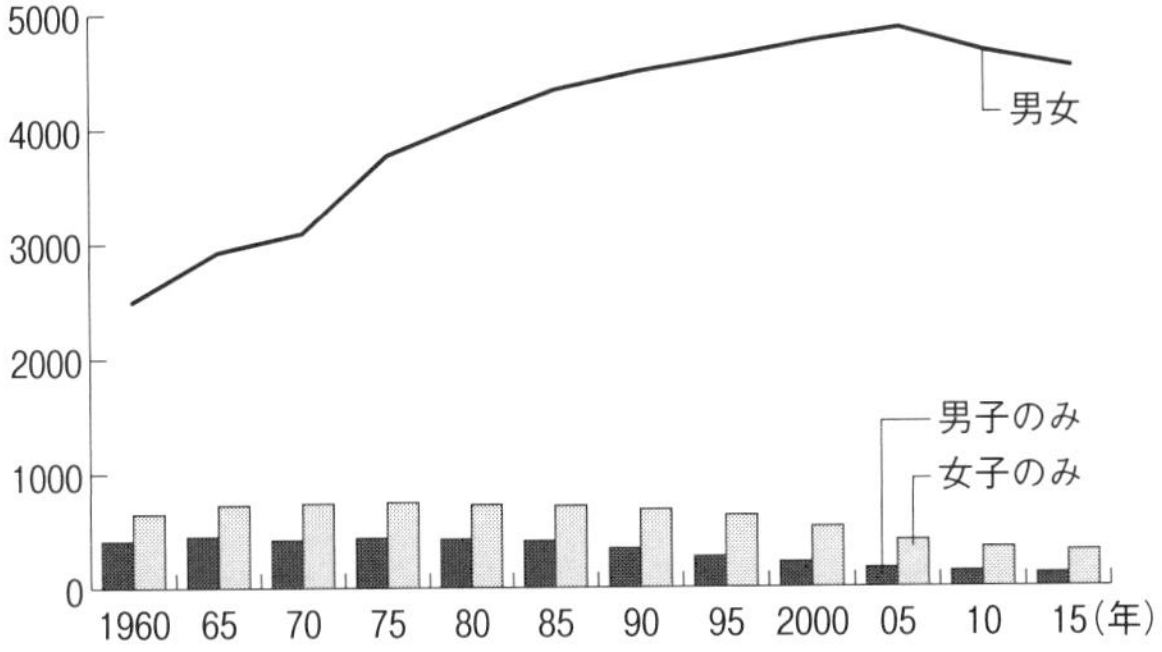

※文部科学省「学校基本調査」より作成。男子校あるいは女子校という分類ではなく、現実に在学している生徒の状況により分類して集計したもの。

で、男子のみの学校に比べれば倍以上ある。公立のみで数えれば、男子のみの学校の割合はわずか〇・四％にすぎない。男子校出身者は、もはや絶滅危惧種と呼ばれてもおかしくない状況なのだ（図２）。

なぜこうなったのか、少しだけ歴史を振り返る。

江戸時代、庶民の多くは、小学校に相当する年齢くらいまでは共学の寺子屋に通った。しかし思春期になると、男子は「若者組」や「若衆宿」という男子だけが集まる拠点で、男としての修業を積みながらすごすのが一般的だった。

一方、女子は「娘宿」などという拠点で女子だけですごした。男女それぞれに通過儀礼があり、それを経て「一人前」として社会に認められた。思春期には男も女も同性だけですごす文化が、古くからあったのだ。

明治以降も戦前までは、「小学校は共学、中等教育は男女別学」がスタンダードだった。共学の小学校を出ると、男子は男子のみが通う旧制中学、女子は女子のみが通う高等女学校に進むのが一般的だった。

戦後、ＧＨＱから共学化が命じられ、ほとんどの旧制中学が近隣の女学校と合併するなどの形で共学化したが、ＧＨＱによる統制が比較的ゆるかった東日本では公立でも男女別学を続ける学校があった。しかし二〇〇〇年前後から東日本でも公立男女別学校の共学化が一気に進み、いまでは栃木や群馬、埼玉、鹿児島のごく一部に公立の男子校があるのみだ。

一方、私立はＧＨＱによる統制の対象外であったため、多くが男女別学の中高一貫校として存続した。すなわち、男子校を選ぶということは、ほぼ私立を選択することであり、現在では、首都圏や関西の一部など中学受験文化の盛んな地域のみに残された選択なのである。

二十一世紀になると、少子化の波が中学受験にも押し寄せる。首都圏模試センターによると、二〇一九年の受験生に対する私立中学校の入学総定員数の割合は一〇〇・一％。大学のみならず、私立中学校も全入時代なのだ。

生徒が集まらなければ私学は存続できない。男子校や女子校が共学化すれば、単純に倍の人数を対象に生徒集めが可能になる。さらに男女共同参画への社会的意識の高まりも相まって、私立でも共学化に踏み切る男子校や女子校が増えた。

二〇〇一年には中央大学附属高等学校、二〇〇二年には早稲田実業学校中等部・高等部、二〇〇八年には明治大学付属明治高等学校・中学校と、人気大学の付属や系属の男子校が相次いで共学化したことは衝撃的だった。さらに、渋谷教育学園渋谷、市川、広尾学園、東京都市大学等々力など、男女別学校から共学校としてリニューアルすることで人気が急上昇する学校の存在感も大きく、中学受験業界では「共学ブーム」という言葉も生まれた。

東大合格トップ一〇のうち七校が男子校

しかし二〇一九年の高校別東大合格者数ランキング（図3）を見ると、五位まではすべて男子校、一〇位までの八割が男女別学校だ。二〇位までを見ても男子校が六五％を占める。

また、ランキング五〇位までの合格者数は計一八八〇人。そのうち男子校出身者だけを合

順位		高校	所在地	合格者数
28	◎	巣鴨	東京	21
		横浜翠嵐	神奈川	21
30		土浦第一	茨城	20
	◎	大阪星光学院	大阪	20
32		札幌南	北海道	19
	◎	栄東	埼玉	19
		千葉・県立	千葉	19
		西	東京	19
	◎	渋谷教育学園渋谷	東京	19
		湘南	神奈川	19
38		金沢泉丘	石川	18
39		仙台第二	宮城	17
		大分上野丘	大分	17
41	◎	市川	千葉	16
		国立	東京	16
		小石川中教	東京	16
		富山中部	富山	16
		岐阜	岐阜	16
		浜松北	静岡	16
	◎	洛星	京都	16
48		船橋・県立	千葉	15
	◎	攻玉社	東京	15
	◎	世田谷学園	東京	15
	◎	白陵	兵庫	15

※印は国立、◎印は私立、無印は公立
※網掛けは男子校または女子校
データ提供／大学通信

図３　2019年高校別東大合格者数ランキング

順位		高校	所在地	合格者数
1	◎	開成	東京	186
2	※	筑波大附駒場	東京	119
3	◎	麻布	東京	100
4	◎	聖光学院	神奈川	93
5	◎	灘	兵庫	74
6	◎	渋谷教育学園幕張	千葉	72
7	◎	桜蔭	東京	66
8	◎	駒場東邦	東京	61
9	◎	栄光学園	神奈川	54
10	◎	久留米大附設	福岡	50
11		日比谷	東京	47
12	◎	海城	東京	46
13	※	東京学芸大附	東京	45
14	◎	西大和学園	奈良	42
15		浦和・県立	埼玉	41
16	◎	浅野	神奈川	39
17	◎	東海	愛知	37
18	◎	甲陽学院	兵庫	34
	◎	ラ・サール	鹿児島	34
20	※	筑波大附	東京	32
21	◎	早稲田	東京	30
22	◎	豊島岡女子学園	東京	29
23	◎	女子学院	東京	27
		岡崎	愛知	27
	◎	東大寺学園	奈良	27
26		旭丘	愛知	26
27	◎	武蔵	東京	22

計すると一〇八四人となり、約六割を占めていることがわかる。毎年約三〇〇〇人が東大に合格するので、東大生の少なくとも三分の一以上が男子校出身者という計算だ。

東京偏重にならないように、東大・京大・国公立大医学部の過去五年間の平均合格者数ランキングで見ても、トップ二〇校のうちやはり六五％が男子校である（図4）。

もちろん最難関大学に多くの合格者を出すことだけが学校の価値ではない。しかしたった二・二％しかない男子校が、少なくとも最難関大学への進学という学力面においては、驚異的な優位性をもっていることは明らかなのだ。

さらに、首都圏の中学受験で最も多くの受験生が集中する二月一日午前の偏差値表を見てみると、やはり男子校が上位を寡占していることがわかる。四谷大塚の「二〇一九年結果八〇偏差値一覧（八〇％の合格可能性を表す偏差値表）」によれば、偏差値五六以上の共学校は、「渋谷教育渋谷」「早稲田実業」「広尾学園」の三校のみである。

試しに偏差値五二以上の学校とその東大合格者数を調べてみた（図5）。似たような偏差値ならば、共学校よりも男子校のほうが東大合格者数が多いことがわかるだろう。

理由は、二月一日に男子超難関校の入試が集中しており、男子校を志望する学力上位層が分散してしまうためだ。逆にいえば、学力上位層でも共学校を志望する受験生は二月一日には数少ない共学上位校に集中するので、それらの共学校の偏差値は必然的に高くなる。

偏差値六〇前後の共学校よりも、偏差値五〇そこそこの男子校のほうが大学進学実績の面から見れば優れていることもあるのだ。「男子校である」ということが嫌でなければ。

なぜ男子校の進学実績がこれほど良いのかについては、後続の章で考察する。

男女共学は本当に「自然」か

時代に合わせ、ビジョンをもって共学化という道を選択する学校があるのは当然の流れだ。だからといって建学以来変わらない伝統をもって男子校もしくは女子校を貫こうとする学校が否定されるべきではないだろう。

場合によっては一〇〇年以上という長い歴史の中で培われた男子教育の伝統が、「ブーム」や「価値観の押しつけ」によって廃れてしまうのはあまりに惜しい。一度失われた伝統を取り戻すことは至難だ。

詳しくは後述するが、海外では男女別学の利点が見直され、公立の学校であっても別学を

順位		高校	所在地	2015〜2019年の平均値 東大・京大・国公立大医学部医学科（除く東大・京大）	東大	京大	国公立大医学部医学科	国公立大医学部医学科（除く東大・京大）
28		日比谷	東京	72.8	46.0	6.4	20.6	20.4
29		岡崎	愛知	72.4	24.0	22.2	26.8	26.2
30		堀川	京都	72.0	7.6	51.0	14.6	13.4
31	◎	白陵	兵庫	70.8	16.4	19.0	37.6	35.4
	◎	広島学院	広島	70.8	17.8	14.0	40.4	39.0
33		岐阜	岐阜	68.6	16.2	20.8	32.4	31.6
34	◎	豊島岡女子学園	東京	67.4	28.4	4.8	34.6	34.2
35		浦和・県立	埼玉	66.2	28.8	14.0	23.8	23.4
36	◎	四天王寺	大阪	65.6	1.2	17.0	49.6	47.4
37	◎	智辯学園和歌山	和歌山	63.8	8.6	14.4	43.2	40.8
38	◎	清風南海	大阪	63.6	4.6	29.8	30.0	29.2
39		浜松北	静岡	63.4	13.8	21.8	28.6	27.8
40		仙台第二	宮城	60.4	12.8	9.0	38.8	38.6
41	◎	滝	愛知	59.4	7.2	13.0	39.6	39.2
42	◎	浅野	神奈川	58.8	36.6	5.8	17.0	16.4
43		修猷館	福岡	58.0	14.6	16.0	27.6	27.4
44	◎	大阪桐蔭	大阪	57.4	1.2	37.0	19.6	19.2
45	※	筑波大附	東京	56.6	31.6	5.8	20.4	19.2
46	◎	昭和薬科大附	沖縄	55.4	4.2	2.8	48.8	48.4
47		千葉・県立	千葉	54.6	22.8	9.4	22.6	22.4
48	◎	女子学院	東京	53.8	32.0	8.8	13.8	13.0
49		金沢泉丘	石川	53.4	14.0	21.8	17.6	17.6
	※	広島大附福山	広島	53.4	10.4	15.0	29.2	28.0

※印は国立、◎印は私立、無印は公立　国公立大医学部医学科に防衛医科大は含んでいない
※網掛けは男子校または女子校
データ提供／大学通信

図４　東大・京大・国公立大医学部医学科平均合格者数ランキング

順位		高校	所在地	2015〜2019年の平均値 東大・京大・国公立大医学部医学科（除く東大・京大）	東大	京大	国公立大医学部医学科	国公立大医学部医学科（除く東大・京大）
1	◎	開成	東京	238.2	175.4	10.0	64.2	52.8
2	◎	東海	愛知	177.2	31.0	37.8	114.6	108.4
3	◎	灘	兵庫	177.0	89.6	42.4	86.0	45.0
4	◎	洛南	京都	152.0	17.8	67.4	81.2	66.8
5	◎	東大寺学園	奈良	139.0	28.0	65.2	55.4	45.8
6	◎	甲陽学院	兵庫	132.0	31.4	52.8	54.2	47.8
7	◎	麻布	東京	130.6	91.8	14.4	28.0	24.4
8	◎	西大和学園	奈良	127.6	33.6	52.2	43.8	41.8
9	※	筑波大附駒場	東京	127.0	108.8	2.2	27.8	16.0
10	◎	ラ・サール	鹿児島	120.0	37.0	7.6	78.8	75.4
11	◎	渋谷教育学園幕張	千葉	108.6	66.0	10.2	35.2	32.4
12	◎	桜蔭	東京	108.0	68.2	2.8	44.6	37.0
13	◎	久留米大附設	福岡	106.0	34.8	9.6	63.2	61.6
14	◎	聖光学院	神奈川	105.0	75.8	6.6	25.8	22.6
15	◎	大阪星光学院	大阪	102.0	15.4	47.0	43.4	39.6
16		旭丘	愛知	99.4	25.8	37.0	37.2	36.6
17	◎	洛星	京都	98.2	10.4	50.2	41.0	37.6
18		北野	大阪	98.0	6.0	68.6	24.4	23.4
19	◎	駒場東邦	東京	94.2	59.6	8.4	28.6	26.2
20	◎	海城	東京	89.8	45.8	8.8	37.0	35.2
21	※	東京学芸大附	東京	88.2	50.2	9.8	28.2	28.2
22	◎	栄光学園	神奈川	85.0	59.0	6.0	22.6	20.0
23		膳所	滋賀	82.8	3.6	54.8	25.0	24.4
24		熊本	熊本	78.2	14.4	15.8	48.2	48.0
25	◎	愛光	愛媛	77.4	16.2	7.4	55.4	53.8
26		天王寺	大阪	75.6	3.4	52.6	20.2	19.6
27		札幌南	北海道	75.0	13.4	11.2	50.8	50.4

図5　2019年2月1日午前入試四谷大塚結果80偏差値一覧と東大合格者数

	男子校	共学校
71	開成（186）	
70		
69		
68		
67	麻布（100）	
66		渋谷教育渋谷（19）
65		
64	慶應普通部　早稲田（30）	早稲田実業
63	海城（46）　駒場東邦（61） 武蔵（22）　早大学院	
62		
61		
60	サレジオ学院（6） 芝（14）　本郷（5）	
59		広尾学園（2）
58	逗子開成（4）	
57		
56	鎌倉学園（1）　桐朋（11）	
55	攻玉社（15）	中央大附属 中央大附属横浜
54	城北（12）	法政大学
53	世田谷学園（15）	三田国際（0）
52	巣鴨（21）	青山学院横浜英和 桐蔭学園中等（4） 明治大学中野八王子

※（　）内は2019年東大合格者数。ただし慶應普通部、早稲田実業、中央大附属、中央大附属横浜、法政大学、青山学院横浜英和、明大中野八王子は系列大学への内部進学者が多いので除外した。桐蔭学園中等は2019年から共学化。

選択できるようにする動きもある。

スペインのカルロス三世大学の行政法教授マリア・カルボ・チャロ氏は、論文「別学教育：人格教育のモデルと自由な選択」のなかで、ドイツの雑誌の特集「男女共学の学校教育は歴史的誤りか？」や、フランスの社会学者による書籍『共学教育の罠』、スウェーデンの国会議員による報告書「我々は皆、異なっている」などを紹介しながら、イギリスやスイス、ニュージーランドなどでも男女別学への再評価の気運が高まっていることを紹介している。

二〇〇八年には宮城県において、県立高校の一律共学化を進める県教育委員会に対し、県立の男女別学高校の同窓会などが反対活動を展開した。反対派の主張は、共学か別学かを県民が選択する自由があったほうがいいというもの。一方、県教育委員会は、県民の負担で設置、運営される県立高校では、性別で入学制限を設けることは好ましくなく、男女がともに学び、成長し合う場が自然として、一律共学化を遂行した。

選択の自由を求める声に対し、「共学が自然」と主張するのは、議論がかみ合っていないように感じられる。しかも、なぜ「共学が自然」と言い切れるのか。

ちなみにチンパンジーの場合、思春期になるとオスとメスが明らかに違った行動パターンをとることが知られている。オスは母親を離れ、年長のオスとともに縄張りをパトロールしてすごす時間が増える。同じ群れのオス同士でつるみ、互いの関係を強化するのだ。一方、メスはそのまま母親の近くにいることが多い。母親を通して、母親になることを学ぶ。チンパンジーの社会では、思春期に男女別々にすごす時間が長くなるのが「自然」らしい。

もちろん、男子校も万能ではない。そのことについてはのちほど触れる。しかし子どもの育つ環境が急激に変化し、「男子が男子らしく育たない。何かがおかしい」といわれる時代において、古くから伝わる教育システムにヒントを探す温故知新の姿勢もまた大事ではないだろうか。

第　2　章

現役教員が本音で語る、男子校の魅力とアキレス腱

進学理由の第一位は「のびのびできるから」

春、男子校で真新しい学生服を着た中学一年生が教室に集まると、必ず聞こえてくるセリフがある。

「女がいないと楽だなぁ」

どの学校でもほぼ共通の現象だ。負け惜しみでも何でもない。本心からの安堵の言葉である。そこだけを聞くと、「中学生にもなった男子が情けない……」と思うかもしれないが、それまで彼らの置かれていた状況を想像してみれば、気持ちもわかるだろう。

小学生も高学年になると、男子は精神的にも身体的にも明らかに女子が先を行っていることに気づく。まるで一つか二つ年上のお姉さんたちに囲まれている気分になるものだ。小学生とはいえ、思春期に一歩足を踏み入れた女子である。大人の男性にとっても思春期の女子ほど扱いに手を焼く存在もないだろう。ましてや、小学生の男子がまともに相手をできるわけがない。

さらに、男子中学校に通う生徒は、ほぼ例外なく受験勉強を経て入学している。受験勉強

図６　男子校を優先して選んだ理由

（当てはまるものを３つまで、保護者回答の多い順）

	保護者	生　徒
男子だけによる、のびのびと個性が伸ばせる環境	78.5%	63.2%
男子だけによる、深い交友と人間関係	54.1%	50.9%
男子だけによる、学業に専念しやすい環境	45.2%	28.9%
男子の中での競争や活動による能力の開発	25.4%	25.2%
男子としての役割理解と人格形成	18.4%	10.8%
共学校に比べて規律だった生活環境	9.2%	6.6%
共学校に魅力を感じなかった	8.9%	14.9%

※東京私立男子中学校フェスタ2014「生徒＆保護者10000人意識調査」より。

は主に母親との二人三脚。良くも悪くも彼らはそれまで常に母親の管理下に置かれていたのだ。

家では母親に監視され、学校では「同い年のお姉さん」たちに囲まれ、しかも小学校の先生も女性が多い。常に「女性から見下ろされている」と感じてしまうのも無理はない。

男子中学校に通う生徒およびその保護者一万人を対象にした意識調査結果によると、

中学受験の際に男子校を優先して志望した理由を尋ねる質問に対して、実に保護者の七八・五％、生徒の六三・二％が「男子だけによる、のびのびと個性を伸ばせる環境」という選択肢を選んでいる（図6）。

なぜ男子だけだとのびのびできるのだろうか。この感覚は、共学校出身者には非常に想像しにくい。男子中学校に入学した男子の気持ちは、共学校出身の男性よりもむしろ女子校出身者のほうが共感しやすいかもしれない。この「のびのび」という意味についてもう少し深く考えてみたい。

女子がいない気楽さ

「女子がいなくてせいせいすると思うのも最初の数日で、すぐに女子がいないと寂しいと感じるのでは」と思うひとがあるかもしれない。

中学一年生に直接聞けばいい。少なくとも私が聞く限りでは「全然寂しくない」「気楽」「のびのびできる」という答えがほとんどだ。ときどきちょっと頭の回転の速そうな生徒が「そのうちカノジョもほしくなるかもしれないけど、いまは男子だけが楽しい」と言うくらい。ほとんどの生徒が、生まれて初めて味わう男性だけの生活を満喫している様子だ。

同い年のお姉さんたちから隔離・保護されることが必ずしもいいことではないだろう。実社会においては、女性と目を合わさずに生きることは不可能なのだから。その意味で男子校はある種の仮想空間のような場所である。

その気楽さに甘んじているようではいけないが、仮想空間にも有益な作用があるのだ。

一八歳までは女子が優位

男子校に進学するメリットとして、「女子がいないから勉強や部活に集中できる」という声はもちろんあるが、それはむしろ些末なことだと私は考えている。女子がいないメリットはほかにある。

思春期には女性のほうが早く成熟することが知られている。特に中学生のうちは、男子より女子のほうが一～二年分は精神的および性的な成長が早い。そのため、共学の中学校では女子がリーダーシップをとってしまい、男子が表に出にくく、それが「男子から自信と成長の機会を奪っている」と指摘する声もある。しかし、一八歳くらいになると男子の発達が女子に追いつくといわれている。

だから、男女の発達段階に大きな差がある中高生の時期は、弱者である男子を女子から隔離することが少なくとも男子の教育においては有効な手段ではないかというのが、ほとんどの男子校の教員や男女別学推奨者の考えだ。男子校に勤める女性教員も「たしかにその通りだと思う」と言う。

桐朋の荒井嘉夫教諭は次のように語る。

「自分は共学校で育ちました。それが自然だと思っていたので、初めて男子校に教壇に立ったときは男子だけという光景を目の当たりにし、『これはまずい』と思ったものです。しかし、男子校でのびのびと生活し、立派に成長して巣立っていく彼らを見ていると、『人生のなかで数年間、男子だけですごし、自己を見つめるモラトリアムがあってもいいのではないか』と思うようになりました」

「自分探し」が進学力も底上げ!?

中学生や高校生のうちは、まだ外見的な部分で異性を見てしまうことが多い。だから、この時期、近くに異性がいると、どうしても外見的に装うことばかりに意識がいきがちになる。衣服や髪型だけの話ではない。言動までも「どうするのがカッコ良く見えるか」を判断基準にしてしまいがちになるのだ。

その点、男子校では外見など誰も気にしない。「オレはこんなやつだ。オマエはどんなやつなんだ」というように、はじめから互いの腹の内をさらけ出し合うことで、「アイツはここがすごいし、別のアイツはそこがすごい。でもオレはここでは負けない」などと互いに認め合いやすい。そして、体育会系も文化系も分け隔てなく、クラス全員が親友状態になる。

また思春期特有の戸惑いや悩み、社会への不信や性的な欲求の高まりも分かち合う。小学校までと違って男性の教員が多く、父親や兄のように気持ちをくみ取り、一人の男として接してくれる。自分と似たような他者に触れ、自己への理解が深まる。ある教員は「男子校は自分探しに集中できる環境」と言う。

最近、就職活動を始めるにあたって生まれて初めて自己分析や自分探しを始める大学生が多いと聞くことに驚いている。自分は何者なのか、本当は何をしたいのかということについて、自己洞察を通して自己理解を深め、次に歩むべき道を見出すということを、せめて大学受験の前までに一度はすべきであろう。その時期に徹底的に自分探しに集中できることが、中高で男子校を選択するメリットの一つといえる。

今日、公立校でも私立校でも、キャリア教育やグローバル教育、金融教育など、実社会を知ろうとする教育が盛んだ。それももちろん必要だ。しかしその前に、徹底的に自己を追求する機会こそ、いまの子どもたちに必要ではないだろうか。

男子校は「オタク」の楽園

麻布の平秀明校長は生徒たちをこう評している。

「男子校の生徒たちは『マニアックな集団』と言ってもいいかもしれない。将棋やオセロに夢中になる者もいれば、数学や物理の神秘にのめり込む者もいる。もちろんスポーツや音楽に打ち込む者もいる。みんなが何らかのスペシャリティをもっており、お互いに尊敬し合っている。実は、教員にもマニアックなひとたちが多いので、彼らの気持ちがよくわかる」

女子の目がないので無理に男らしく振る舞う必要がない。自分の得意分野に自信をもち、自己表現の幅が広がる。それぞれの道を堂々と極める友人を見て、多様性を認め、お互いのことを認め合う文化が育ちやすい。

勉強以外に打ち込む「何か」が、鉄道やアマチュア無線、ゲーム、アニメ、アイドルということも多い。年ごろの女子たちからは「キモい」と言われてしまいそうな分野である。しかし、男子校ではそんな心配をする必要はない。彼らは堂々と自分たちの興味や関心を追求することができる。

ある男子校教員は、「わが校のクイズ研究会は全国レベルの活躍をしています。毎日、放課後に部室にこもってクイズをつくり、真剣に『ピンポーン！』なんてやっています。はっきりいって異様な光景です。でもそれを堂々とできるのが男子校」と笑う。

「仮に共学であれば、肩身の狭い思いをしていたかもしれないオタク系の男子たちが、体育会系のスポーツマンたちと同じように自己表現できて、安心できる居場所を見つけている」と、多くの男子校教員が口をそろえる。

また、男子中学生は放っておくと磁石のようによくくっつく。男子中学校の教室を覗くと、ベタベタと濃厚なスキンシップをとる生徒たちが多い。意外なことに、どうやらそれが男子の本性のようなのだ。しかし共学校の教室でそのような風景を見ることは少ない。女子の目が気になるからではないか。

徹底的に「バカ」になれる

土砂降りのなか、都内のある男子校を訪れたときのこと。

悪天候にもかかわらず、グラウンドにはたくさんの生徒たちがいる。野球をする生徒に、サッカーをする生徒……。「この雨のなかでも体育の授業か」と思ったが、よく見てみるとどうやら様子が違う。昼休みの時間であった。「土砂降りのなか、昼休みに何を好きこのんでグラウンドで遊んでいるのか」と思わずにはいられない。

別の男子校教員からはこんな話を聞いた。

修学旅行でハワイに行くことになり、現地での行動は生徒たち自身が計画することになった。彼らの立てた計画の一つに「からまれツアー（ギリギリの線で）」というものがあった。街角で観光客の肩にオウムを乗せて記念撮影をしてから撮影料を要求するという古典的な悪徳商売にわざと引っかかってみるなど、きわどいことに挑戦するのが主旨。引率したその教員は、物陰から生徒たちの様子を見守っていた。生徒たちはオウムを乗せられて記念撮影をし、もてる英会話の能力を駆使して長時間やりとりするも……結局お金を払わされた。だが、彼らはそれで満足しているという。

男子校を取材していると、「こんなことをして何の意味があるのか」というバカ話に事欠かない。しかも「生徒たちは共学の子と比べて無邪気で、そして幼い。女子の目があればもう少し落ち着いて大人な振る舞いを身につけてくれるのだとは思うけど……」と話す教員たちの表情はどこか自慢げだ。

運動会では棒倒しや騎馬戦で激しくぶつかり合う。文化祭では「ミスコン」などの女装大会で盛り上がる。徹底的に自分をさらけ出し、バカをした挙げ句、打ち上げでお互いをたたえ合い、男泣きする生徒たちもいるという。男泣きも男子校特有の風景だろう。心身両面の意味での男同士の「裸の付き合い」がある。

一見無意味なバカをすることには、実は大変な意味がある。それは、世の中や大人の常識にとらわれず、あらゆるものを疑い、自分の目で見て、考えて、自分のやり方で試してみることにほかならない。まわりの友達や大人のリアクションまでを試している。結果、世の中を知り、自分を知ることができる。反抗期や中だるみとならんで、思春期になくてはならない成長のプロセスだ。

男子校では教員たちもそれを十分心得ておおらかに見守ってくれるし、ときには生徒たちに付き合ってくれる。

栄光学園の井本陽久講師は、「子どもが、ふざけ、いたずら、ずる、脱線をしているときは、いちばん自分の頭で考えているときなんです。それをむやみにストップしてしまうのはもったいない。むしろそれを活かさないと。一般的には悪いことのなかにも子どもの良いところを認めるようにすると、子どもはどんどん自分で考えるようになっていきます」と話す。

共学校の男子生徒でもバカをすることは好きだろうし、実際にたくさんバカをするはずだ。しかし往々にしてそれが年ごろの女子には理解されない。「男子ってばっかみたい」というひと言で全否定されがちだ。

その点男子校では、女子の目を気にせず本能の赴くままにすごすことができるため、多少気の弱い子や人目を気にしてしまいがちな子でも「徹底的にバカ」になることができる。これこそが男子校の醍醐味ではないかと私は思う。

教師も腹を割り、生徒に体当たり

教員にとっても、相手が男子生徒だけだとストレートなコミュニケーションをしやすいという。

女性には女性の「あ・うん」の呼吸があるように、男性には男性の「あ・うん」がある。生徒と教員のコミュニケーションもそのなかで行われている。使われる言葉や話題の選び方にしても、女子がいたら常に女子への配慮をせねばならず、男子校と同じようなコミュニケーションはできないだろうと多くの男子校教員が口をそろえる。もちろん、教員が生徒を厳しく注意することもあるが、相手が男子だとその場限りで話は片づき、尾を引くことは少ないそうだ。共学校での指導経験もある男子校教員は次のように証言した。

「共学校では、まず女子の気持ちをつかまないとクラス運営がうまくいきません。男である自分は非常に気をつかいました。一年生の女子生徒に厳しく注意したところ、それから卒業するまでひと言も口をきいてもらえなかったこともありました」

男子の集団には、「ダメなものはダメ」というシンプルなコミュニケーションが好ましいが、女子の集団にはそれが効かないというのだ。よって共学校の教室では、女子だけでなく男子に対しても女子向きなコミュニケーションをとらざるを得なくなるケースも多く発生する。

だが、男子校では気をつかって回りくどい言い方をする必要がない。男の子を苦しめる原因として前述した「ダブルバインドのコミュニケーション」は男子校では特に敬遠される。開成の渡辺信幸教諭は生徒とのコミュニケーションのあり方について、次のように語る。

「生徒がありのままをさらけ出しぶつかってきてくれるから、こちらもありのままをさらけ出しぶつかっていくことができます。お互い腹を割っているから、お互いのすごさを認め合うことができるのですね。生徒も私たち教員のことをすごいと一目置いてくれていると思うし、教員である私たちからしてみても、生徒のことをなんとすばらしい若者たちなんだと心から認めています」

男子によく効く授業のスタイル

男子校には、「男子に特化した教科指導法」があるのだろうか。多くの男子校教員に尋ねてみたが、ほとんどが「比較したことがないので、わからない」という答えであった。

そこで、男女共学校に分類されているが、男女別のクラス編成で男女別々に授業を行うユニークなスタイルで知られる桐光学園を訪ねた。

桐光学園の教員は男子クラスも女子クラスも受けもっている。一九九一年に女子部が設置された当初は、男女ともに同じように教えていたという。しかし、女子クラスでの指導に違和感を覚えた一部の教員たちが、特に理数系教科に関して教え方を変えてみたところ、理解度が上がったという。

特に理数系教科に関しては、女子は細かいステップを刻みながら少しずつ難度を上げていく方法が効く。所々で「ここまでは大丈夫？」と確認しながら授業を進める。かなり力のある子でもいったん「わからない」となると最初のステップから振り返らなければならない。

しかし、同じことを男子のクラスでやると飽きられてしまう。男子クラスでは、いきなり「これできる？」と挑発するような方法が有効なのだそうだ。場合によっては「この問題の答えはこれなんだけど、式書ける？」と問いかける。全員が食いついてくるわけではないが、食いつきのいい生徒が問題を解くと、まわりの生徒たちも刺激されて、手を動かしはじめるのだという。

平良一教諭によれば、「男子と女子では、ロジックのとらえ方も違うようです。『女子は理数系が苦手』といわれることがありますが、そんなことはないでしょう。理数系教科の教え方が女子用になっていないだけです」とのこと。ということは、有名男子進学校の名物数学教師が、もし女子校でまったく同じ教え方をしたら、まったく通用しないということもあり得るのだ。

また、国語で論説文などの論理的文章を読むときも、男女で授業の進め方を変えるという。女子の場合は段落ごとに前から読んでいき、前後関係を押さえながら読解する。しかし男子の場合は、まずざっくりと全体のテーマをとらえ、その構成要素としてそれぞれの段落の役割を読み解いていくのだ。

文学的文章においては特に男女の読解力の違いが明確になる。女子のほうが登場人物の心情変化には敏感で、「行間を読む」ことができる。しかし、精神的に幼い男子にとって、行間は空白でしかない。登場人物の心情を尋ねる問題を解かせても「そんなことは書いてないじゃないですか」という反論が返ってくることもあるそうだ。

桐朋では生徒の発達段階を強く意識して、各教科で取り扱う教材やテーマを決めている。たとえば国語。中学一年では「ともに考える」、中二では「他者の意見を入れつつ、認識を深める」、中三では「反論を受け入れ、論を組み立てられる」というように、目標を設定し成長を促している。美術では中三の三学期になると自己洞察を深めるために自画像を描く。同校の荒井教諭によれば、「もし発達段階の異なる女子がいたら、テーマ設定が曖昧になってしまう可能性がある」と言う。

女子校での指導経験もあり、現在は男子校に勤める女性の教員は、「男子校で教えてみて、いままで以上に男性が宇宙人であることがわかりました」と笑う。「女子は長時間の勉強や単純作業にも耐えられますが、男子はそうはいきません。その代わり、瞬発的に一気に大量にこなすなかで力をつけていくことができます。だから、課題の出し方も変わります」と言うのだ。

共学校で教えていた女性の数学教員は、長年の指導のなかでどう考えても男子と女子では数学への取り組み方が違うことを身をもって感じていた。しかも、数学の問題の出題形式をちょっと変えるだけで男子と女子の成績が大きく変わったとも言う。その経験から、入試の出題形式をちょっと変えることで、入学してくる生徒の男女比率の偏りを調整したこともあると告白する。

男子に合わせた行事の負荷設定

芝の武藤道郎校長は、「日々の勉強は当たり前のこと。学年ごとに毎年趣向をこらす行事にこそ人間教育の真髄がある」、巣鴨の堀内不二夫校長は「行事も含めて本校のカリキュラム」と言う。また桐朋の片岡哲郎校長は「行事で人間をつくる」と表現する。

そのほか多くの男子校が行事の重要性を強調している。そして、ほとんどの教員が「男子のみであるために行事の計画や運営がしやすい」「男子校でなければ行事のなかに男子教育としての要素をこれだけ有効に織り込むことはできない」と断言する。

数十キロにおよぶ歩行や遠泳、山登り、テントに宿泊するキャンプなどの行事を行っている男子校は多い。共学校でも同じような行事は行われているが、男子のみだと負荷設定がしやすいという。

また遠足や修学旅行の計画を立てるのも比較的楽だ。これらの行事の運営を計画段階から生徒たちに任せる男子校も多いが、「内容的に多少リスクを伴う計画でも、男子のみだからこそ、彼らの能力の限界まで挑戦させてあげられる。失敗することを含めて見守っていられる」と教員たちは口をそろえる。

ちなみに、前述の男女別のクラス編成を行う桐光では、遠足や修学旅行などの行事も男女別の部分がある。山登りのコースもスキー場のゲレンデも違う。男子には男子に適した負荷設定、女子には女子に適した負荷設定があるという。

運動会に見られる男子校と女子校の違い

男女は平等な存在であり、各種能力については性差よりも個人差が大きいことを前提としたうえで、しかし集団としてみた場合、男の子ばかりの集団と女の子ばかりの集団とではふるまいが違うことが顕著にわかる事例がある。運動会だ。

男子校の運動会では例外なく、学年を縦に割ったチームで対抗戦を繰り広げる。中高一貫校であれば、中一から高三が同じチームとなり、先輩が後輩を指導して、勝利を目指す。共学校でも同様であるはずだ。

一方、世間的にはあまり知られていないのだが、女子校の運動会では、学年対抗で競われるケースが少なくないのだ。つまり、中一チームと高三チームが綱引きをすることになる。学年が違えば体力も全然違う。勝負は見えている。よほどの番狂わせがない限り、毎年高三が優勝する。

女子校出身でないと、そんな勝負の何が面白いのかと思うかもしれないが、女子校の生徒たちに聞くと、縦割りのほうが面白くないと言う。

互角の勝負にするために、いくつかの女子校で一時期、縦割りの対抗戦にしたことがあった。しかしいずれの学校でも生徒たちから不満が続出。結局学年対抗に戻したという。理由はどこも同じだった。

「運動会において、女子は勝つことに喜びを見出すのではなく、チームの団結力を高めること自体に喜びを見出すからです。先輩たちからあれこれ指示されることも嫌います。自分たちのことは自分たちで話し合って決めたい気持ちが強いのです」

このことから導き出せる仮説は「集団として見た場合、男子は命令系統によって縦型の組織をつくるのが好きだが、女子は共感をベースにしたフラットな組織をつくるのが好き」。

集団としてのふるまいが男女で違うのであれば、やはり男子校・女子校という環境にも、そこでしか得られない何らかの作用があると考えるほうが妥当ではないだろうか。

母親にとっての男子校の役割

男子校の教員は、男子生徒を教育する専門家であるだけではない。年ごろの息子をもつ母親の不安や戸惑い、そして彼女たちへのサポートにも精通している。

中学受験を終えたばかりの親子は母子密着状態に近い。しかし中学生にもなれば反抗期を迎え、子どもは自然に母親の影響下から抜け出そうとする。そこで潔く子どもの手を放してやることができないと、子どもはその手をふりほどくためにさらに激しく反抗しなければいけない。

城北の東谷篤教諭（当時）は中一の最初の保護者会で母親たちに次のように話すという。

「これからの六年間で息子さんにとって大事なのは親でも教師でもありません。友達です。お母さんたちにとっては受難の時期です」

ただし、「男は所詮マザコン。戻ってきますよ」ともフォローする。芝の武藤校長は多感な時期の息子をもつ母親に対して「手を放して抱きしめる気持ちで見守っていてほしい」と言う。実際に母親と接するときには「男の子は本心では母親のことをとても大切に思っています」といって安心させる。

東大寺学園の布村浩二教諭は逆に母親の溺愛大歓迎という。

「無理に引き離そうとしなくても大丈夫です。どんなに溺愛された男子でも、大学三年くらいになればみんなさわやかな大人になっている」

そのほか、思春期の男子特有のトラブルの数々への対処法や、それに戸惑う母親へのサポートに関するノウハウが、各校に蓄積されている。

受難の時期の母親をサポートするのは教員だけではない。母親同士の横や縦のつながりが重要な役割を果たす。同じ境遇にある母親同士、「うちだけでない」ことを確認し合って安心できる。また、特に中高一貫校においては、先輩の母親から、「誰もが通る道を過ぎれば落ち着くところに落ち着く」ことを聞くことができる。

男子校には母親の健全な子離れをサポートする機能も充実しているのだ。

中三くらいから「共学がいい」と言い出す

長所と短所は常に表裏の関係にある。

これまでは一方的に女子がいないことのメリットを述べてきたが、逆に男子校に通うことのいちばんのデメリットやリスクといえば、女性とのコミュニケーション経験が圧倒的に不足することだろう。

ある男子校に勤める女性教員は、「日常生活のなかで都立高校のそばを通ると、カップルではなさそうな男女が仲良く歩きながら話しているのを見かけます。『これが普通だよな』と思うことがあります。かたや男子校の生徒たちはくだらない下ネタにもしつこくからんだり、女性教員の授業中にも何の悪気もなく性的な発言をすることがあります。女子がいればそういうことは起こらないのだろうと思います」と本音を漏らす。

男子校の学校説明会では、母親から「男子だけで人間として大丈夫なのか」「カノジョはできるのか」という質問がよく挙がるという。ここで男子校の異性交流事情について触れてみよう。

中一の入学時には「女子がいなくてせいせいする」といっていた男子たちも、中三くらいになると色気づき、「先生、そろそろうちも共学にしたほうがいいんじゃない」などと言いはじめる。どの男子校にも共通する現象だ。ただし、「教室でいっしょに勉強がしたい」とか、「女子と行事を盛り上げたい」などという話ではない。ただカノジョがほしくなるだけだ。

そこで少し考えを巡らせれば、共学になったからといって憧れのアイドルグループのような女子ばかりが集まるわけでもないし、共学校の男子のみんなにカノジョがいるわけでもないことに気づく。勘のいい男子はハッとする。「オレ、共学校に行っててもカノジョいなかったかも」。

男子校の場合、女性と仲良くなるには自分から行動を起こすしかない。男子校生が女子と交流をもつことができる最大のチャンスは文化祭だ。

男子校の文化祭には女子校生たちが押しかける。また積極的な男子校生は女子校の文化祭に乗り込む。そこで物怖じせずに女子に声をかけられる男子は仲間から尊敬される。ナンパは男子校生にとってはちょっとした冒険のようなものだ。このチャンスに女子校との人脈をつくり、グループ交際からカノジョができることは多い。

また、高二の後半くらいから塾に通い出す男子校生も多い。すると、塾も女子との接点になり得る。これから受験勉強に集中しなければならないというときに浮かれ気分になってしまっては困るのだが、同じ目標をもつ女子と関わることが、受験勉強を頑張るモチベーションにつながることもあるようだ。

女性に対する態度が二極化する

女性に対して積極的でモテる男子は複数の女子校と交流をもつこともある。その一方で、女性への興味がそれほど強くない男子たちは卒業まで女性の目にさらされることなく、相変わらずマイペースですごす。女性との距離感にも選択肢がある。学校では男同士で気楽にすごし、カノジョがほしいなら外で見つけるというのが男子校のスタイルだ。

ただし、ある教頭はこう漏らす。

「なかにはとことん女好きになってしまう生徒もいます。女性はからきしダメで、卒業してもそのまんまという生徒も少数ですがいることも事実です」

女性に対する態度が両極端になることがあるというのだ。

明治大学の諸富祥彦教授も著書『明治大学で教える「婚育」の授業』のなかで、女子学生たちの意見として、「男子校出身者は、①女の子に積極的にアプローチできない草食系男子、②チャラチャラした合コン慣れしている男子に〝二極化〟している」と書いている。

諸富教授は同書のなかで、さらにショッキングな調査結果を紹介している。「大学一～二年の時点で、男子高出身者のカノジョいる率が著しく低い」というのだ。

それまではほとんど女性との接触経験がないのだから無理もない。

都内のある男子校の教諭は、「うちの生徒は大学の新歓コンパで浮いてしまうという話をよく聞きます」と苦笑いする。

しかし、複数の男子校教員は次のように主張している。

「それまでのハンディキャップをはね返すのに二年くらいかかるようですが、大学三年生くらいになるとみんな一様にさわやかな好青年に成長してくれています。カノジョを文化祭に連れてきてくれるＯＢも多いので、心配はしていません」

開成の柳沢幸雄校長は、「各家庭でそれを致命的な欠落と考えるか、リカバリーが可能なものと考えるかで、男子校を進学の選択肢に入れるかどうかが決まるのだろう」と分析している。

男子校出身者は女性からモテにくく、結婚もしにくいのだろうか。「婚活」という言葉の生みの親である中央大学文学部教授の社会学者・山田昌弘氏に聞いた。

「内閣府が二〇一〇年秋に行った『結婚・家族形成に関する調査』によると、婚姻率・恋人がいる率について、男子校出身者と共学校出身者の間に差はありませんでした」とのこと。

女性との付き合いについて、男子校出身者は大学一～二年の時点では大きくおくれをとるが、最終的にはその差はなくなると考えてよいのではないだろうか。

男子校育ちは女性との協働に不利？

ただし、結婚ができれば男子校のデメリットを克服したと思うのはまだ早い。

主に職場などで、社会の構成員として異性とのコミュニケーションが適切にとれるかという問題もあるのだ。

恋人に対するコミュニケーションは、異性とのコミュニケーション経験が乏しくても、いざ相手のことを本気で好きになれば、下手なりに実はなんとかなるものだ。これからの男性が意識しなければならないのはむしろ、特定の女性以外の、ただの友達、仕事上のパートナーのような女性たちの置かれた社会的状況を想像し、彼女たちの価値観や生き方を尊重できるかどうかである。

「異性コミュニケーション」といっても、恋人や結婚相手に対するコミュニケーションと、その他大勢の異性に対するコミュニケーションではまったく質が異なるわけだ。

今後、社会における男女の役割はますますボーダレスになり、男女の差なくスムーズなコミュニケーションがとれることが不可欠となる。

従来の男社会では、「とにかくやれ！」「ダメじゃないか！」「オレたちには夢がある！」というような号令と叱責、ロマンだけでもひとが動かせたのかもしれない。しかし、これからの男女共同参画社会においてはそれでは通用しないだろう。

男性には通用する「あ・うん」の呼吸が女性には通用しない。そのため、その呼吸だけに頼ろうとすれば、社会で力を発揮することは難しいだろう。

暁星の高橋秀彰教諭は、「強力な指導力で社会をリードするという従来の男性のイメージをいまの男子に植えつけたところで、おそらく社会生活でも家庭生活でも苦労するのではないかと思います。他者との摩擦を避け、それによって周囲の信頼を得る。そのうえで自らの仕事を成し遂げていくようなしたたかさも、これからの時代には必要なのではないでしょうか。これも今日の男子校の課題なのかもしれません」と指摘する。

また、女子が仕事、結婚、出産など将来のことを早くから真剣に考えていて、そこには時間的な制限もあることを、男子校の生徒は知らないまま大学生になってしまうことが多い。女子の将来に対する希望や不安を直接的に感じる機会がないことは男子校出身者にとって最大の「アキレス腱」である。

男子校ではそこを補う教育を強化していくべきだろう。逆にそれさえできれば、男子校教育の最大にして最悪の弱点を埋め合わせることができるのだ。

「今後、男子校と女子校で協力して、異性とのコミュニケーション体験を行う機会をつくっていくべきだ」と諸富教授は提案する。

実際、近年男子校と女子校のコラボレーションがよく行われるようになっている。

サレジオ学院の鳥越政晴校長は、「ただ男女がいっしょに遊ぶだけの合コンのような機会は、そういうのが好きな子たちが勝手にやればいい。学校としては、何らかの目的をもったプロジェクトに他校の女子生徒の力も借りて取り組む機会を設けることに大きな意味があると思っています。実際に近隣の女子校の生徒たちとそのような行事を多数行っています」と言う。

神奈川のある女子校の女性校長は、「不思議なことに、うちの生徒たちは共学校の生徒たちとコラボするよりも、男子校の男子生徒たちとコラボするほうがやりやすいようです。最初はお互いに遠慮があるのですが、一度打ち解けてしまうとお互いに男だから女だからということに囚われないフラットなコミュニケーションができるようなのです」と証言する。

普段教室の中では異性の目を気にせずにのびのびすごしながら、ときどき異性との他流試合をやってみるというのは、もしかしたら男女別学校だからこそできるおいしいところどりの教育環境かもしれない。

共学がジェンダーバイアスを再生産するメカニズム

男子も女子もいるなかで、男性であることや女性であることにかかわらず、それぞれの個性に応じた教育を受けられることが理想なのかもしれない。しかし、その方法が明確でない場合、男女共学の環境では、むしろ世の中のジェンダー意識がそのまま再生産されてしまう危険性がある。

たとえば男子校の野球部では当然ながら、女子のマネージャーがおにぎりをむすんでくれたり、洗濯してくれたりなどということはあり得ない。ぜんぶ自分たちでやらなければならない。逆に女子校の文化祭では、重い荷物を運んだり、大道具を組み立てたりということも、男手に頼らず女子のみでやり遂げる。男子校・女子校のなかには「男の役割」「女の役割」という性差の概念がないのだ。

逆に共学校の教室の中には男女両方がいるからこそ、大人たちの社会の性的役割意識がそのまま入り込んでしまう危険性がある。異性の目を気にすることで、まったくの無意識のうちに「男らしさ」とか「女らしさ」にとらわれてしまうというリスクもある。共学校の教室のほうが、現状の男女不平等社会に自然に適合するという意味で合理的なのかもしれないのだ。

これは「共学のパラドクス」である。現実社会が男女共同参画社会になっているのなら、共学校の教室の中でもその価値観の再生産が行われるはずだが、現実社会に性差別が横行しているのだとしたら、共学校の教室は男女共同参画社会を推進するうえで足枷にもなりかねないのである。

実際海外では、男女別学校の出身者のほうが、少なくとも学業において、ジェンダーバイアスを受けにくいという研究結果が複数報告されていることは第六章で述べる予定だ。

同性への理解が深いから、異性への理解も深まる

前述した男女別クラス編成の桐光学園のケースを再び紹介したい。

同校は学食や図書館は男女共通で、生徒会や一部の部活も男女で運営する。しかしホームルームや授業を行う校舎は男女別だ。男女の間に微妙な境界線がある。平教諭によると、「まったく接触がないわけではありませんが、普通の共学校のような距離感とも違います。いい意味で男女がお互いに遠慮していますね。そこからお互いの違いを尊重する視点が生まれているような気がします」という。男女の間に、ある程度の距離があるからこそ、お互いを尊重する意識が生まれるという考え方には説得力がある。

また、成城の小山治郎教諭は、次のように分析している。

「社会的にも生物的にも、現実的に男女の役割は違う部分も大きい。そのうえで、例えば男性の役割について話すときには女性はいないほうがいいことも多い。女性側に甘えが生じるためです。逆もしかりですね。その意味で男女別学の意義は大きいと思います」

『なぜ男女別学は子どもを伸ばすのか』の著者の中井俊已氏は、「日本人が国際人になるためには、まず日本のことを知らなければいけないように、異性のことを知るためにはまず己を深く知らなければなりません。自分の性と向き合うからこそ、異性に対する尊敬の念も豊かになります」と語る。これには一理も二理もあるだろう。

男性だけの会話では、女性に遠慮しない本音が飛び出す。男女平等について、男女の性について、体の発達について、性的欲求について……。女性の存在があっては言えないことがある。

同じ戸惑いや欲求を抱える者同士、自己の性を見つめ、異性への憧れや疑問を臆することなく口にすることができる。ときには男性教員も輪に加わっていっしょに議論する。思春期の未熟さゆえ、世の中的には到底受け入れられないであろう偏った極論が展開されることもある。しかし、それが極論であることも自分の言葉で表現して、他者からの批判を浴びて初めて気づける。議論を戦わせるうちにさらに新しい発見があり、視野が広がる。特に性的なことに関して、女性に対する大きな誤解が発覚することもある。女性の存在を気にしながら、予定調和的に進められる男女論とは議論の深さが違うのだ。

男子のみだからこそ、異性に対してのあらゆる既成概念や常識、妄想を議論の机上に上げてとことん語り合うことができる。その結果、男女の違いを認識し、女性への畏怖の念も深まるのではないだろうか。

必ずしも男子校や女子校という環境である必要はないのだが、男女を問わず、人生の一時期に、同性だけで異性や自分たちの役割について自由に語り合う時間は、なくてはならないものではないかと私は思う。

第　3　章

バンカラ？
それともジェントルマン？
「男の園」を垣間見る

やんちゃさを見守る優しさと厳しさを両立――浅野（神奈川県／私立）

ベイブリッジを見下ろす丘の上にある校門を抜けると、緑に囲まれた曲がりくねったスロープに入る。まるでどこかの森林公園のようだと思っていると、生徒たちが駆け抜けていった。授業に遅れそうなのかと尋ねると、元気な声で「クロカンです！」と答えてくれた。体育の授業だろう。学校の敷地内でクロスカントリーとは、恵まれた環境である。

創立者は「日本のセメント王」とも呼ばれる浅野總一郎。一九二〇年に、アメリカの工業地帯で即戦力を育成するために採用されていた教育システムを模してつくられた。教室から見渡せる京浜工業地帯も浅野總一郎がつくったものだ。合言葉の「九転十起」は浅野總一郎の波瀾万丈の人生に由来する。一九八〇年代からは進学に力を入れ、いまや神奈川男子御三家の一角を成す。

中学生のみで行う中学スポーツ大会、中高合同で行う体育祭に加え、体育の授業では剣道か柔道どちらかを一年間習う。また林間学校での山登りや農業体験などの行事も豊富にある。元気いっぱいの男子が思い切りエネルギーを発散できるのが特徴だ。元気が良すぎるくらいの男子について、「中一のころは手間がかかります」と山田啓太教頭は苦笑い。

特にスポーツ系の部活が盛んで、ボクシング部は全国レベルの活躍をしている。中一・二の部活加入率はほぼ一〇〇％で、高校生でも七割が部活に所属している。部活の活動回数や日数の制限もない。

勉強も結構ハード。中学校では、毎日九〇～一二〇分相当の宿題が課され、ノート提出や小テストで理解をチェックする。遅れている子には補習や追試を行う。

制服はもちろんバッグも指定のもの以外は使用禁止だ。髪型について事細かな規定はないが、流行に流されるような軽薄な髪型は慎むことになっている。

ただし「九転十起」の合言葉通り、生徒の失敗には何度でも付き合う。一見無駄に見える回り道を大事にするおおらかさが伴っているのだ。

男子のやんちゃさを見守る優しさと、押さえるところはしっかり押さえる厳しさがバランス良く共存する男子校である。

校則は「授業中の出前は禁止」――麻布（東京都／私立）

ジーンズや七分丈パンツをはき、カジュアルではあるが特別オシャレでもない男子の一団が坂道を下りていく。なかには茶髪の子もいる。麻布の生徒たちだ。服装や髪型の規定はない。ピアスもＯＫ。

「基準は自分」が麻布流。校則らしい校則はない。生徒手帳もない。不文律として語り継がれる「鉄下駄で校内に入ることは禁止」「校内での麻雀は禁止」「授業中の出前は禁止」があえて言えば校則代わり。あきれるほどの自由主義で知られている。

「校舎は古いですし、教室はうるさく、まるでカオス状態です。この男臭い六年間で何がつかめるか。麻布に息子を放り込むのは勇気がいることかもしれません。麻布をよく知るある心理学の専門家は『麻布は江戸時代に年ごろの男子がすごした若衆宿のような場所。一度預けたら親は手出しをしないで遠くから見守るしかない』と言っていましたが、その言葉通りだと思います」と話すのは安藤浩一教諭。

創立は一八九五年。端的にいえば、〝明治維新の負け組〟が、経営難に陥っていた東洋英和の男子部を引き継ぐ形でつくった学校だ。

入学後、学校生活にも慣れてきた十月、中一は沼津へ行き、創立者である江原素六の墓前祭に参加する。貧しい武士の子であった江原は幕臣として戊辰戦争を戦い、九死に一生を得た。厳しい武士の倫理観を礎にしつつ、キリスト教との出会いが江原の独特の倫理観を形成した。生徒たちは江原の伝記を読み、明治史料館でその生涯を追体験することによって建学の精神を肌で感じる。

また中一は、一九七〇年前後に繰り広げられた「学園紛争」のことを先輩から折に触れて聞かされる。生徒が校長室を占拠したり、文化祭に機動隊が突入したりという時代があったのだ。中学校としては全国初となる学校ロックアウトが行われ、逮捕者を出すほどの紛争を経て、現在の麻布の自由があることを知る。

極端にいうと、ここまでで麻布の教育の大半は終わっているという見方もできる。あとは、頭で理解した建学の精神と自由の重みを残りの学校生活で体験し、腹に落とすのみだ。

三日間で二万人以上来場者を記録する文化祭や、運動会などは、生徒による自治で行われている。学年旅行の計画まで生徒が主体だ。これらすべてが建学の精神と自由の重みを体感するための舞台装置となる。「教育とは一から十まで教えることではない。教師の役割は刺激を与えること。あとは生徒が自己展開する」というのが麻布のスタンスなのだ。

「生徒たちは、教員からよりも、先輩後輩の関係または同級生同士から学ぶことのほうが多いかもしれない」と言うのは平秀明校長。

戦後の新学制移行後、東大合格者数ベスト一〇から一度も漏れたことがない唯一の学校なのに、一度もナンバーワンになっていないことも麻布らしさ。カリキュラムや授業内容については教員の裁量が大きく、教材も独自のものが大半を占める。「宿題は問題集より論文」という文化だ。

特徴的なのは、土曜日に高一と高二を対象に行われる「教養総合」という特別授業。討論や実技、実習を中心としたゼミ形式の授業を選択して受講するのだ。「中国の志怪・伝奇を漢文で読む」「初等量子化学入門」「実験社会心理学」「原子力利用と社会」「現代医療について考える」「日本を読む〜世界の国々は日本をどうとらえているか」など、ユニークなテーマが設定される。

そのほか家庭科の範疇として、「生活科学」（中一）では生活者の視点から社会を見つめる授業を行ったり、「生活総合」（高一）では老人ホームや病院、障害者施設への訪問、幼稚園での保育実習、家族のための食事づくりなどを行う。「これからの時代を生きる力を身につけるという意味で、実は最も役に立つ授業かもしれません」と平校長は笑う。

揺るぎない独自の教育観を軸に据えながらも、常に柔軟に時代に対応する教育を実践している。いつの時代にも、政財界から学界、文学界、芸術、芸能界まで広い分野で活躍する多彩で個性的な人物を輩出し続けてきた実績がそれを証明している。

少なくとも三兎を追え――浦和（埼玉県／県立）

公立校としては数少ない男子校。創立は一八九六年。地域では「浦高」の愛称で親しまれている。教育理念は「尚文昌武」。文武両道の意味である。

埼玉県の秀才を一堂に集めたような超進学校ではあるが、「浦高魂」「無理難題に挑戦する」「少なくとも三兎を追え」が合言葉で、勉強だけの生活は、浦高では許されない。

新入生はまず「新入生歓迎マラソン」の洗礼を受ける。上級生が格の違いを見せつけ、新入生に浦高生としての自覚を促す意図がある。夏には約二キロメートルの遠泳を含む「臨海学校」が実施される。秋には約50キロメートルの道のりを七時間以内に踏破しなければならない「強歩大会」も開かれる。いかにも男子校らしい。

スポーツ大会は、昼休みや放課後を利用する形で、なんと年間を通してつねに実施されている。全クラスが、各種球技、水泳、綱引き、駅伝など多種目で、年間総合成績を競う。教員チームも参加する。

特にラグビーは浦高の校技といっていい。一年生の体育では全員がラグビーを体験する。ラグビー部は強豪で、二〇一三年には全国大会にも出場している。

「進学校だからこそできるという発想に立って指導しています。生徒は頭が良く、努力を継続できるし、つらいことも我慢できる。また、自分たちでよく考えて、工夫や改善をすることができる。こちらからちょっと助言をするだけで、生徒たちが自ら考え、行動に移してくれます。ラグビーは、体格や運動能力だけでなく、非常に頭を使うスポーツ。試合になれば指導者が直接選手に指示を出すことが許されない点がほかのスポーツとの大きな違いです。そのぶん、選手達がすべて自分たちで決めて、実行しなくてはいけません」と、自身も浦高OBのラグビー部顧問・三宅邦隆教諭は言う。

ラグビー部とはまた違う意味で男子校らしい名物部活もある。クイズ研究会だ。二〇一五年には全国高等学校クイズ選手権を制している。クイズ研究会の面々が真剣になってクイズの練習に励んでいた。異性の目を気にせずに、どんなことにも夢中になれる。

放課後の各教室を覗くと、生徒たちが自分の机のまわりに大量の菓子パンや飲み物を並べて問題集を解いている。問題集が入ったダンボールを足下に備えるなど、それぞれ工夫して、自分の「勉強部屋」をつくっているのだ。多くの生徒が、放課後も教室に残り、そこで勉強する。教室の後ろの黒板では、数人で議論しながら数学の問題を解いていた。浦高では「受験は団体戦」とよく言われる。

ただし、尚文昌武の理念に則り、部活の時間を削るという発想はない。補講の類は部活の時間を避けて、早朝か昼休み、あるいは部活後の一八時三〇分以降に設定される。部活が終わってからも自習ができるように、教室は毎日二一時まで開放されている。

部活と補講を終えて帰宅をすれば、いくら育ち盛りの男子とはいえ体力の限界。そんなかで勉強しても効率が上がらないので、しっかりと睡眠をとってから早朝に登校して授業前に勉強するように指導する。そのために毎朝六時には門が開く。実際多くの生徒が早朝に登校し、自習する。

要するに、生徒たちは睡眠時間以外のほとんどすべての時間を学校ですごす。塾に通っている暇などない。「むしろ浦高に帰る三年間だった」と多くの卒業生が表現する。

最近では海外に目を向ける生徒も多い。公立高校としては唯一、イギリスのパブリックスクールであるウィットギフト校と姉妹校関係にあり、短期・長期の交換留学制度がある。オックスフォード大学やケンブリッジ大学への進学実績もある。生徒たちの海外志向を後押しするのが「県立浦和高校同窓会」だ。奨学財団を設立し、海外研修のための助成金や海外留学のための給付金のほか、家計が厳しい生徒に対する修学資金の助成、大学進学費用の給付などを行っている。

何を得るのかは自分たちで決めなさい──栄光学園（神奈川県／私立）

大船観音の脇を抜け、長い坂道を歩くこと約一五分。富士山や丹沢までを見渡せるのどかな風景の中にある。校地面積は東京ドーム約二・五個分。丘の頂にあり、隣接する山の尾根までが学校の敷地である。昼休みを利用して敷地内の山に散策に行った生徒が、午後の授業に間に合わなくなることもあるという。

卒業生でもある隈研吾が監修した新校舎は、二〇一七年のグッドデザイン賞に輝いた。見た目はモダンでありながら、中に入ると山荘にいるかのような清々しい雰囲気。生徒たちが自ずと生き生きと活動しはじめるしかけが随所に施されている。

同校は一九四七年に上智大学の経営母体と同じイエズス会により設立された。古くはフランシスコ・ザビエルに由来する。同系列の中高一貫校に、兵庫県の六甲学院、広島県の広島学院、福岡県の上智福岡がある。

校訓は「Men for Others, with Others.（他者のために、他者とともに生きる）」。学業だけでなく、宗教校としての人間教育が浸透しているのだろう。「人生は金や地位だけでない、もっと別の価値があると真面目に考える生徒が少なくありません」と伊藤直樹教諭は言う。

一学年一八〇人程度と少人数ながら、東大合格者数のみならず、国際化学オリンピックや国際物理オリンピックでメダリストを輩出するなど広い分野での活躍が目立つのが特徴だ。

もともと外国人の神父が教員をしていたこともあり、古くから実用英語指導にも定評がある。高円宮杯全日本中学校英語弁論大会での入賞実績は数知れず、全国高校生英語ディベート大会に出場し世界大会への参加を果たした生徒もいる。

ユニークな習慣に「中間体操」がある。二限と三限の間に原則として上半身裸になり、軽い運動を行うのだ。気分転換のほか、自己を磨く効果があるとされている。また授業は瞑目に始まり、瞑目に終わる。放課後に自分たちで教室を清掃するのも栄光の伝統だ。電気も通っていない山小屋でのキャンプ、約三〇キロの道のりを制限時間以内に歩く「歩く大会」などの行事も長く続けられている。

「何のため?」と思うかもしれない。そこにこそ、栄光の教育の真髄がある。「これらを行う目的は、誰かから教えてもらうのではなく、自分たちで付与しなさい。それによって何を得るのかは自分たちで決めなさい」というスタンスだ。

「これは、我々が大切にしているキリスト教の信仰にも通ずるところです。神からの働きかけは、ひとや自然やできごとを通じて行われ、多くの場合我々はそれにあとから気づくのです。生徒たちには、神から自分への働きかけに、いますぐでなくていいから、今後の長い人生のどこかで気づいてほしい。それに気づけるような心を育んでほしいのです」と壱岐太教諭。

合計六〇泊以上の合宿で「協働力」を育てる――大阪星光（大阪府／私立）

イタリアのカトリック系修道会「サレジオ会」によって、一九五〇年に設立された。校訓は「世の光であれ」。サレジオ会の合言葉は「アッシステンツァ」。「ともにいること」の意味で、中高六年間で合計六〇泊以上もの合宿を行うことが特徴といえる。

そのための校外施設として長野県の黒姫と和歌山県の南部に合宿所がある。校内にも研修館と呼ばれる宿泊施設がある。二段ベッド三段ベッドでの生活や大人数での入浴が、生徒たちにとっては良い思い出となる。合宿所では風呂場に下着一枚で集合することも。

「これからの時代には協働する力がより強く求められます。そのためには『聞く力』が重要です。私たちは合宿生活を通して、自己主張するばかりでなく、他者の意見や主張を聞くことにより互いに理解・協力し合えるひとを育てたいと考えています」と宮本浩司教頭。

高二の一部希望者は「ボストン研修」に行くことができる。ハーバード大学やマサチューセッツ工科大学などで研究室に入って講義を受け、討論し、プレゼンまで行う。また、毎週土曜日の午後には卒業生を招いて行われる講演会「ほしゼミ土曜講座」が開かれる。

それって、男としてイケてると思う?——海城(東京都/私立)

海軍予備校として発足した経緯から、三〇年ほど前までは「昔ながらの硬派な男子校」のイメージを持たれることが多かった。

しかし一九九二年に始まった改革によりそのイメージは変貌を遂げた。建学の精神はそのままに、リベラルでフェアな精神を持つ「新しい紳士」の育成を目指す改革だ。リベラルでフェアというのは、立場を入れ替えたとき受け入れられないことは良しとしない、〝公正としての正義〟感を前提とした自由主義。そして「新しい紳士」について中田大成校長特別補佐は次のように説明する。

「まず『紳士』とは、ぶれない軸をもっている男性のことだと思います。かつての英国紳士はその軸を貴族特有の伝統的美意識のなかに求めました。しかし、現在の日本にはそのような美意識は存在しません。そうであれば、自らの力を出し切った経験に基づく自己信頼を高めることで、ぶれない自分をつくるしかない。ですから、そうした自己信頼に裏付けられたタフネスを持ち合わせた男性こそが、新しい紳士だと考えます」

改革の途上、伝統行事の整備・充実だけでは不十分であるという考えから、二つの新しい体験学習が導入された。「プロジェクトアドベンチャー」と呼ばれるものは、アスレチックのような施設の中で、生徒同士が協力して課題を成し遂げるプログラム。コミュニケーション能力やコラボレーション能力が磨かれる。もう一つは、「ドラマエデュケーション」。与えられたテーマに沿った短い劇を演じて、どうやったらより観客に伝わりやすくなるかを互いに批評しあうことなどによって、コミュニケーションの構造を理解する。

二〇一一年には、高校からの募集を停止して、その代わりに中一で三〇名の帰国生枠を設けた。異文化体験をもったさまざまな生徒を取り込むことで、多様な価値観の人々との共生を自然に学べる教育環境ができた。

目指すべき人材像や方法論、どれをとっても非常にロジカルだ。しかし、男子校だからこそ生徒たちに伝えたい価値観として、中田校長特別補佐はあえて最後に「理屈ではないダンディズム」を挙げる。

ただし、今の男子たちに「男らしさ」や「男としての美学」を問うてもピンとはこない。そこで生徒たちには「男として、それって本当にイケてるのか？」と問いかけている。このフレーズが、理屈抜きで生徒たちに響くという。

「公正としての正義」「経験値に基づく自己信頼・揺るぎなさ・タフネス」「理屈ではないダンディズム」が男子として身につけてほしい三条件とのことだ。

運動会で強い組織づくりを学ぶ――開成（東京都／私立）

校章は「ペンは剣より強し」を表す通称「ペン剣」。校名は『易経』の「開物成務（人間性を開拓啓発し、人としてのつとめを成す）」に由来する。建学の精神は「進取の気性と自由の精神」。

内情を知っているひととまったく知らないひととの間で、これほどまでに異なった印象をもたれている学校も珍しいかもしれない。

一九八二年以降、東大合格者数日本一の座を一度も譲り渡したことがないという圧倒的な進学実績と、「質実剛健」のイメージゆえ、ガリ勉、スパルタ式教育の学校ととらえられていることも多い。しかし、中に一歩足を踏み入れると生徒がのびのびと学ぶ自由な学校ということがわかる。

校則といえば、「制服を着用すること」くらい。ルールに従うことよりも、状況を見て自分で判断する力を生徒たちに身につけてほしいとの方針からだ。もちろん、失敗もある。しかし、自分たちが守るべき規律について、失敗を通して暗黙知的に身につけるのが開成のやり方だ。

名物は運動会。棒倒しや騎馬戦など、格闘系の競技の勇壮さが広く知られており、「学校説明会資料」には「運動会を見てびっくりしました。僕は体力に自信がないのですが、大丈夫ですか」という質問と、それに対し「合格を手にした後は体を鍛えて、四月の入学に備えてください」との回答が載っているほど。

だが、この勇壮さも、開成の運動会を語るうえでは氷山の一角にすぎない。運動会は例年五月第二日曜日、中学校から高校まで縦割りの八色対抗で行われる。組ごとに高校三年生が仕切り、教員は一歩下がって見守るだけ。準備は高二の五月から高三の運動会まで丸々一年をかけて行われる。組責任者や応援団長を中心とし、クラスごとに五〇人全員がそれぞれの役割を担う。

渡辺信幸教諭は、「生徒たちはそれぞれの長所を活かして役割分担をし、組織を作り上げるので、少なくとも高校二、三年生には、一人として居場所がない生徒はいません。それを見て、『うちの生徒は本当にすごい男たちだな』と毎年感心しています」と目を細める。

一年間をかけて準備をした情熱が集約されるからこそ、当日の独特な熱気や迫力が生まれるのだ。高二の五月からは開成生にとって「自分が主役」になる一年間であり、高三の五月の運動会は六年間の開成生活のクライマックスとなる。全力を出し切った後、高三生はいよいよ本格的な受験態勢に向かう。

習熟度別クラス編成は行わない。自学自習が原則で、補講の類は、高三で教科によっては夏期・冬期講習を行うことがある程度だ。授業内容は各教員の裁量に任されている。「教員もルールで縛られるのを嫌うひとが多いのです。学校が教員を管理すると、教員も生徒に対して管理的になってしまう。それでは学校の自由な空気は守られない」と柳沢幸雄校長は言う。

開成が開成であるために男子校である意味は何%くらいあるかとの質問に、柳沢校長は、「九五%です。男子校でなければこの教育はできません」と答えた。

男子だけだから生徒にも教員にも思う存分やらせてあげられる。度が過ぎて失敗することも想定内だ。もし女子がいれば、様々な判断の基準が変わってしまう。いまのようにおおらかな気持ちでは生徒を見ていられないだろう。そうなれば失敗を通して得られる暗黙知が目減りするというのだ。

放課後も元気な学校――鎌倉学園（神奈川県／私立）

鎌倉五山第一刹、臨済宗建長寺に隣接し、「質実剛健」の武士の魂と「自主自律」の禅の精神を受け継ぐ学校。もともとは一八八五年に宗派の師弟教育のためにつくられた。校訓は「礼義廉恥」。節度を守り、自分を実際以上に見せびらかさず、自分の過ちを隠さず、他人の悪事に引きずられないこと。

竹内博之校長は「放課後も元気な学校」と言う。中学生の下校時刻は一七時三〇分、高校生は一八時三〇分。それまで教員たちは、部活を見たり、補習や追試や進路相談をしたり、ただ校内を歩いて何となく生徒に声をかけたりと、とにかく生徒と関わる。授業以外での関わりも最大限に大切にするのが鎌学流だ。部活のあとには教員と生徒がいっしょにシャワーを浴びて友情を深めることも。男子校ならではの風景だ。

スポーツ推薦制度はないが、野球部は強豪ひしめく神奈川県大会で常に上位に食い込む実力をもつ。二〇一八年には駅伝の全国大会にも出場した。

一方で、運動会は開催されない。自分が競技に出場するときには一生懸命やるものの、出番でないときには退屈してだれてしまう。そこで、従来の運動会をやめ、代わりに体育デー（クラス対抗競技会）を開催した。球技大会と運動会を組み合わせたようなスポーツ行事だ。これが大当たり。いまでは学年対抗とクラス対抗の年二回開催されている。「派手じゃないけれど、生徒たちの目の輝きが運動会とは違う」と竹内校長。

建長寺にて行われる座禅による精神鍛錬が名物行事だが、最近では新しい名物行事が増えた。中二では、明治時代の面影を残す長野県の廃村に宿泊して昔ながらの生活を体験。中三では滋賀県の農村で農家に民泊させてもらいながら、稲刈りや籾植えを体験する。

二カ国語を操るサッカー少年たち――暁星（東京都／私立）

暁星といえばサッカーを連想するひとも少なくないだろう。高校サッカー部は、全国に名を轟かせる強豪だ。中学サッカー部も二〇〇〇年以来全国大会にたびたび出場を果たしている。

しかし意外なことに、同校の入試にはサッカー枠は一つもない。学力のみで選抜された生徒だけでこれだけのチームをつくりあげる学校は珍しい。サッカーは暁星にとってひとつの文化になっており、三学期には中一から高二までの各学年でサッカー大会を行っている。

創立は一八八八年。一三〇年以上の歴史をもつ伝統校で、都内では唯一のカトリック系の男子校でもある。都心でありながら緑に囲まれた落ち着いた地域にあり、一学年が一八〇人程度のため、家庭的で穏やかな雰囲気だ。

ただし規律は重んじられている。公共交通機関ではカバンは体の前で抱えて持つ、道を歩くときは横に広がらない、漫画を読んだりイヤホンをしたりしながら歩かないなど、通学時のマナー指導は細かい。制服はボタンホックをすべて留めなければならない。遅刻を一〇回すると、早起を促すために、早朝の校内清掃が一週間課される。携帯電話の教室への持ち込みは禁止だ。

ほかのカトリック校と同様、外国語教育には特に力を入れている。特徴的なのは、英語のみならずフランス語も必修であること。高一の夏休みには、英語に関してはカナダで、フランス語に関してはフランスで語学研修を行う。

高橋秀彰教諭は暁星生を次のように評す。

「礼儀正しく、〝外面が良い〟生徒たちです。アスリート系はもちろん、ソフトなクレバー系もいますが、武闘派は少ないですね」

正統と異端の協育――慶應義塾高等学校（神奈川県／私立）

日吉キャンパス内にあり、生徒たちは大学の施設も利用できる。通称は「塾高」。一九三四年から大学予科の校舎として使用されていた白亜の建物を受け継ぎ、一九四八年に新制高校として発足した。

開設七〇年事業の一環として、二〇一八年には「正統と異端《イノベーション》の協育」をコンセプトとした新校舎が竣工。「福沢諭吉は、『古来文明の進歩、その初は皆所謂異端妄説に起こらざるものなし』と述べています。その精神に立ち戻る考えです」と古田幹校長。「協育」とは、多様な生徒をさまざまな人々の協力のもとに育むという意味をもった塾高独自の新しい教育理念である。

一学年は約七〇〇人。そのほとんどが慶應義塾大学に内部進学する。いわゆる受験勉強に時間をとられないぶん、部活や行事、留学などに時間を使える。企業と連携した「マーケティング実践講座」「〝食と健康〟講座」「減災学講座」、大学と連携した講演会シリーズ「理系のス、メ」や「教養の一貫教育」、卒業生による講演会「将来展望講座」「異端のすゝめ」、同窓会の協力による「公認会計士入門講座」、キャンパスの戦争遺跡をフィールドワークする「地下壕見学会」、海外提携校との短期交換留学など、「協育プログラム」と名付けた多種多様な学びを展開する。第二外国語としてドイツ語やフランス語、中国語などが必修なのは、大学予科以来の教養主義の伝統である。

ちなみに慶應義塾の「一貫教育校」のなかで男子校は、塾高のほか、慶應義塾志木高等学校、慶應義塾普通部（中学校）のみである。

「ヤングジェントルマン」を育成する新しい男子教育――京華（東京都／私立）

一八九七年創立の伝統校だが、旧来型の質実剛健的な指導ではなく、これからの社会に有用な「ヤングジェントルマン」の育成を目標として、新しい男子教育を実践している。都内でもいち早く詰襟の制服を廃止し、スーツ型の制服を採用したのもその表れだ。

同系列の京華女子中学・高等学校、京華商業高等学校とは校舎が隣接している。水泳部、卓球部、吹奏楽部、演劇部などの一部の部活で男女が入り交じり、三校合同で活動を行っている点は男子校としては珍しい。

「聞く力を養い、そうすることで考える力を醸成し、コミュニケーション能力を伸ばす」と言うのは町田英幸校長。

かつて行われた心理テストによると、京華の生徒は一般の中高生に比べて「他人に優しく、気遣いをする」傾向が強いとのこと。また、中一・二のうちは精神的な幼さが残るが、高三になる頃には自己への厳しさを身につけるようになることも見てとれるという。

週刊誌の中高一貫校特集では、「面倒見の良い学校」としてよく取り上げられる。一二歳の時点ではまだ力を発揮し切れていない「遅咲きタイプ」の男子たちが、自分の才能に気づき、それぞれのペースでそれを伸ばすことができる学校である。

一本筋の通ったスマートな男──攻玉社（東京都／私立）

明治の六大教育者のひとりとされる近藤真琴が一八六三年に開いた私塾を起源とする。一五〇年以上の歴史をもつ伝統校。校訓は「誠意、礼譲、質実剛健」。初期の攻玉社からは当時最先端のエリートコースであった海軍軍人が多数育っており、海軍の標語であった「スマートで、目先が利いて、几帳面、負けじ魂」がそのままいまでも「攻玉社男子」を形容するフレーズとして使用されている。

嚙み砕けば「一時の流行に流されたり自分を良く見せようと気取ったり飾ったりせず、素の人間性で渡り歩ける人間。感謝の気持ちを忘れず、礼儀正しく、飾らぬ自分で勝負する。そんな一本筋の通ったスマートな男」こそ、攻玉社の理想。卒業生には、太平洋戦争終戦時の内閣総理大臣鈴木貫太郎がいる。

「校名の由来は『他山の石をもって玉を攻《みが》くべし』。つまり切磋琢磨させながら、しっかり鍛えて卒業させる学校です」と岡田貴之教頭。

帰国生のみで構成される「国際学級」がある男子校は東京都では攻玉社のみ。一九九〇年からの歴史がある。「算数1教科入試」も攻玉社が先駆けだ。ユニークな部に、「ガンダム研究部」がある。これが大人気で二〇一九年春に同好会から部に昇格した。

中二の臨海学校での二キロの遠泳が伝統行事。二〇一一年の東日本大震災以降中止されていたが、二〇二〇年度の中二から復活する。

話すべきことがある――佼成学園（東京都／私立）

一九五四年、宗教法人立正佼成会により設立された。授業の開始前には毎回三〇秒間の黙想を行い、集中力を高める。校訓は「行学二道」。体験による人格の向上と学問による知識の両立を意味する。

習熟度別のクラス編成やティームティーチングを取り入れたり、OBチューターが常駐して二〇時まで使える自習室を設置したりと、きめ細やかに学習をサポートする環境を整備している。

一般に男子校では、生徒と教員の間にも「あ・うん」の呼吸があるといわれるが、佼成ではあえて「話さなくてもわかる」ではなく「話すべきことがある」という姿勢を大事にする。何気ないひと言が生徒のやる気を引き出したり、生徒の人生に大きな影響を与えることがあると考えるからだ。

高校アメリカンフットボール部は全国大会三連覇、サイエンス部は国際学生科学フェアで優秀賞を受賞するなど、部活動の活躍も目覚ましい。

中高のメリハリが自律を促す――甲陽（兵庫県／私立）

中高一貫校ではあるが、中学校は海の近く、高校は六甲山の中腹と、中高の校舎がまったく別のところにある。中学校では校則は厳しく、制服着用。高校になると校則らしい校則はなくなり、スマホやゲーム使用に関する規定もない。制服もなくなる。最近は減ったというが、茶髪やピアスも含めて本人の自覚に任せる。このメリハリが、自律を促す。校風は「明朗・潑溂・無邪気」と称される。

一九一七年に伊賀駒吉郎が私立甲陽中学校を設立。一九二〇年辰馬吉左衛門が財団法人辰馬学院甲陽中学校として引き継いだ。辰馬家は「白鹿」で有名な酒蔵である。二〇〇九年からは高校入試をなくし、完全中高一貫校となった。

名物行事は、二月の極寒期に行われる「耐寒登山」。高校を出発し、六甲山の最高峰を経て有馬温泉に下る。ゴール地点で解散になるが、冷え切った身体を有馬温泉で温めてから帰るのが恒例。「生徒と同じ湯船につかって雑談をしているときには男子校だなあと感じます」と杉山恭史教諭。

高校の体育祭では当然騎馬戦やリレー種目が盛り上がるが、「相撲」も人気種目であることがユニークだ。

文化祭は「音楽と展覧の会」通称「音展」と呼ばれ、高校でのメインイベントはクラス対抗の合唱コンクール。無伴奏男声四部合唱で競い合い、優勝したクラスでは毎年歓喜の涙が流れる。一方で、「音展」でのもうひとつの名物企画は、野外ステージで行われる「ミス甲陽」。衣装や化粧には出演者の姉妹のほか近隣の女子校生も協力するという。

パブリックスクールの気品――駒場東邦（東京都／私立）

戦後の貧しさからようやく脱却しつつあった一九五七年に、イギリスのパブリックスクールをモデルとして駒場東邦は設立された。

全国にある男子校のなかでは比較的新しい部類であるが、そのなかでもいち早く抜きんでた大学進学実績をたたき出し、またたく間に人気校となった。ただし、次世代リーダーの育成を掲げており、受験偏重の教育はしていないという。「理系の学校といわれますが、実際にはさまざまなタイプの生徒がいます」とも平野勲校長は語る。

中一は、ほとんどが何らかの部活に所属している。そのうちの七割以上は運動部だ。勉強ばかりをやらせるのではなく、部活にもエネルギーを注がせる方針だ。また、部活を通して生徒同士の縦のつながりも横の連携も生まれる。高校生が中学生の面倒を見る文化が色濃いことも同校の特徴だといわれている。

生徒の自主性を尊重しているため、よく「校則がない」といわれるが、それは違う。遅刻に関しては厳しく当たるし、服装についても規定はある。携帯電話については、校内では電源オフがルールだ。

OBの愛校心は強固で、法曹界や医師会、大企業のなかにも駒東OB会がある。学内での縦横のつながりと、保護者と学校の信頼関係、愛校心の強いOBたちの支援というひとつの絆で同校の教育は成り立っている。

高貴なるおひとよし――サレジオ学院（神奈川県／私立）

自校の特徴を「男子校のなかでも最上位に位置するおっとり感」と言って鳥越政晴校長は笑う。ただし「中一で入学したばかりのころはいちばんサレジアンっぽくない。見ていて危なっかしい。六年間をかけてようやくサレジアンになっていく」とも。

「サレジアン」とはどういう人物のことか。

「国公立前期発表の日、二人の生徒が学校に来てくれました。でも顔が暗いんです。だからてっきり二人とも不合格だったのかと思って、恐る恐る声をかけてみたら、二人とも合格していました。なぜ暗い顔をしていたのかというと、どうやらいっしょに受けたもう一人の友達と連絡がとれず、心配で、自分の合格はそっちのけになってしまっていたようです。彼らを見て、立派なサレジアンに育っているなあと思いました。実際にはもう一人の友達も合格していたのですが、彼もまた二人を心配していたそうで。自分の成功より仲間が心配になってしまう……。サレジアンって高貴なるおひとよしですよね」

「サレジオ会」は、聖ヨハネ・ボスコが聖人フランシスコ・サレジオに理想を求めて開いたカトリック系の修道会。教育理念は「アッシステンツァ」。イタリア語で「いっしょに歩んでいく」の意味。世界に約一五〇〇の学校があり、相互に交流している。「今度うちの生徒をそっち行かせるね」「いいよ」という気軽さで世界を股にかけることができる。サレジオ学院の前身は一九六〇年に東京都目黒区に創設され、その後川崎市そして横浜市へと移転した。

サレジオ学院では「グローバル人材」という言葉がよく使われるが、現在世間一般で使われているその言葉のニュアンスには違和感があると鳥越校長は言う。

「私たちがキリスト教精神に基づいて使う『グローバル人材』は、意味が違います。戦争、差別、飢餓に苛まれている人々が世界中にいる。彼らの聞こえにくい声を聞き、それに対して行動ができるひとのこと。就職が決まって報告に来てくれたある卒業生はいみじくもこう語ってくれました。『世界の経済のしくみが椅子取りゲームだというのなら、他者を押しのけて椅子を取るひとになるのではなく、椅子を増やすひとになりたい』。『グローバル人材』という言葉が使われるとき、それが何かができるというスキル系の意味で使われているのか、世の中との関わりを示す価値観的な意味で使われているのかを峻別する必要があると思います」

教育スローガンは「二五歳の男づくり」。一八歳時点の学力ではなく、社会人になったときに全人的成長を成し遂げていてほしいという願いを込めている。それをお互いに確認する意味も込めて「二五歳の同窓会」は毎年開催される。成人の日には、卒業生の約半数が、それぞれの地域での成人式を終えたあとに学校に集合し、学校で二次会を楽しむ。実際彼らは卒業後よく学校に遊びに来る。彼らは一生ものの友情と価値観を育んできたからだろう。

男子校での六年間、彼らは素のままの自分を誰にもはばからずさらけ出してすごせる。「男の子たちは中三になっても鬼ごっことかしてますよ」と鳥越校長は笑う。朝、生徒たちは学校に来るとまずジャージに着替えるのも制服が汚れることを気にせずにすごすためだ。

体育祭では、騎馬戦や棒倒しなど男子校らしい競技もさることながら、応援団による女装が見せ場のひとつ。学園祭ではミスター・サレジオとミス・サレジオを選出し、それぞれの優勝者が最後に熱い接吻をするのが「お約束」だ。

一方で、「男の園で育った彼らがそのまま大学に行って大丈夫なのかというと、一抹の不安があるのも事実」と鳥越校長。そこで学校として、女子校との交流も積極的に行うようにしている。

「普段は男の子だけの生活を楽しめばいい。でも、目的のある行事やプロジェクトなどに関しては、ジェンダーを超えて協力できる力も育みたい」

「芝温泉」と呼ばれる温かい校風――芝（東京都／私立）

東京タワーの袂に位置し、周囲に増上寺などの寺院や各国大使館が多い。校門を探してぐるりと敷地のまわりを歩くと、写生中の中学一年生たちが案内をしてくれた。ぶっきらぼうでも、わざとらしくもない。スマートでバランス感覚がいい印象の生徒たちだ。

浄土宗学東京支校を前身とする仏教校。校訓は「遵法自治」。全世界や宇宙の法、永遠の真理などに逆らわず生き、自主・自立の態度で自分を治めることを意味する。

特徴的なのは、およそ三〇年前から、「心の教育」が大切であるという考えのもと、校内に「相談室」を設置している点だ。現在は二名のカウンセラーが週三日ずつ在室し、スーパーバイザーのサポートも併せて生徒に寄り添っている。

そのせいか、いじめなどの問題にも素早く対応でき、その温かい校風は「芝温泉」などと呼ばれている。相談室といっても、心理的な悩みばかりを相談する場所ではない。学校についての素朴な疑問や、世の中に対しての不平や不満にも対応している。

「生徒が学校や教員を信頼できていなければ、学校が楽しいわけがありません。学校が楽しくなければ思春期の男子の有りあまるエネルギーを発散する場所がなくなりますよね。学校が生徒にとって楽しい場所であるために、相談室は重要な役割を担っています」と武藤道郎校長は説明する。

　また、生徒の進路指導も相談室が主体となって行われている。同校は、一〇年後の自分をテーマにして「自己発見シート」と呼ばれるツールを使って自己洞察を深め、自らの進路を見出すという、逆引きともいえる進路指導を行っている。

　さらに、行事や学外学習がとにかく多いのも特徴だ。中一では臨海学校や数十キロにおよぶ強歩大会。中二では長瀞でラフティングやキャンプを楽しんだり、「プロジェクトアドベンチャー」と呼ばれるコミュニケーション能力開発プログラムを体験したりする。中三では京都を中心に取材旅行を組んで新聞をつくったこともある。高一では全員で富士山に登頂したり、琵琶湖一周二〇〇キロサイクリングに挑戦したり。高二の修学旅行は生徒の希望で行き先を決めている。沖縄で平和学習をしたり、スキューバダイビングを楽しんだり。離島でのキャンプファイヤーでは全裸になって踊った生徒もいたという。

これらの行事運営は学年ごとの担当教員集団に任されているため、毎年のように新しい行事が行われている。「学年ごとに特色のある教育を行う『学年力』が魅力かもしれません」と武藤校長は語る。

安定した進学実績にも定評があるが、「すべての教科が主要教科」として、受験対策よりも人間教育に重点を置く。音楽室にはバイオリン五〇挺をそろえて生徒全員が弾き方を学ぶ。美術では彫金技術を習得して指輪を製作する。技術の時間には木工の前にかんなの刃を研ぎ、家庭科では調理実習で使用するエプロンを自作するところから始める。旧来型の「男らしさ」とは違う、新しい男子教育を実践している。

男子校としての芝の誇りは生徒に対してだけではなく、保護者にも向けられている。

「年ごろの男子の気持ちはもちろん、彼らを育てている保護者の気持ちもよくわかります」と武藤校長。なかなか子離れできない親には、「子どもは巣立つ前に強く抱きしめられる必要があります。そして、依存してきた手や束縛する手を解き、あるがままの自分を受け入れられることで、安心して自立することができます。手を放して抱きしめる気持ちで見守ってほしい」と話すのだという。

かっこいい男になれ――修道（広島県／私立）

一七二五年に広島藩五代藩主・浅野吉長が「講学所」をつくったのが始まり。一八七〇年に一二代藩主・浅野長勲が「修道館」とした。中国の古典『中庸』の「天の命これを性といい、性に率うこれを道といい、道を修むるこれを教えという」からとった。正門を入ると右手に小さな土蔵がある。旧広島城閣内にあった学問所の土蔵を移築したもので、藩校以来約三〇〇年の歴史を誇る修道の象徴だ。

一八七一年の廃藩置県により多くの藩校は官立（公立）に移管されたが、浅野家はそれを避け、あくまで私立として学校を存続する道を選び、藩校時代の塾頭・山田十竹が校長を引き受けた。夜間学校になった時期もあったがなんとか生き延び、原爆で甚大な被害を受けても再興した。

一九六九年には「東の麻布、西の修道」と呼ばれるほどに学園紛争が激化。バリケード解除のために機動隊が動員され、高校が一〇日間閉鎖された。そこから「責任ある自由」の概念が生まれ、現在の自由な校風につながっている。

校則らしい校則はない。スマホの扱いは各自で判断。遠足は原則現地集合現地解散。お小遣いの額や持ち物も規定しない。中一・中二では制服を着る。中三・高一では指定のシャツのバリエーションが増えて、ネクタイと靴は自己流コーディネートが許される。高二・高三になると私服が許される。徐々に自由度が上がるしくみだ。

卒業式では司会者が式次第通りに式を終えようとすると、「ちょっと待った！」と声がかかるのが「お約束」。そこから先は卒業生たちが自ら式を進行する。ふざけきった余興あり、感動のスピーチありで、クライマックスを迎える。

山にこもっての「勉強合宿」を実施するなど、県下屈指の進学校としての指導も熱いが、スポーツも強い。特にサッカーは校技とされ、国体優勝四回、選手権優勝二回の実績を誇る。「勉強も頑張り、部活も頑張る。こちらが頭を下げたくなるような生徒がいっぱいいますよ」と田原俊典校長は言う。

藩校以来の伝統校らしく、教育方針や実践綱領には難しい文字熟語が並ぶ。しかし田原校長はこれらをすべてひっくるめて「かっこいい男になれ！」と生徒たちに呼びかける。「たまたま思いついて何かのスピーチで言ってみたら、受けが良かった」と笑う。いまではそれがまるで修道の合言葉のようになっている。

「かっこいい」とはどういうことか。

「まず見た目に最低限きっちりしていること。忘れがちだが、できる男に、見た目がだらしない男はいない。そして頭が切れること。同時に愛があって思いやりがあること。所作、動作がかっこいいこと……。そして何より、自分なりのかっこ良さを追求し続け、そのこと自体が自己肯定感につながること。現在のルールや枠組みのなかで〝うまく生きる〟ような人間にはなってほしくない。教師に対しても楯突くくらいの気概がほしい」

田原校長はこれまでも大胆な学校改革を推し進めてきた。

「伝統を守り続けるには変わり続けなければいけない。ただし根本だけは変えない。修道には三〇〇年近い歴史の中で培われた修道魂がある。それさえ変えなければ、どんな時代になっても、修道が修道でなくなることはない」と胸を張る。

やりたいことをあきらめない――城北（東京都／私立）

「宗門でもありませんし、スポーツ校でもありません。これといったウリも、ありません。〝学校〟っていうことだけです」

城北の東谷篤教諭（当時）は飄々とこう言った。そして、「うーん、あえて言えば卒業した教え子と飲みに行く機会が多いのが特徴でしょうか」と冗談めかす。

同校にはもともと師弟関係にある教育者と実業家が力を合わせて創設した歴史があり、「教師と生徒の絆が強い」のが伝統だ。

「先日、卒業三年目くらいになる教え子たちから『自分たちで成人式を企画したので、先生たちも是非参加してください』と誘われたので、教員が連れだって渋谷のいかがわしいエリアにあるライブハウスまでのこのこと出かけて行きました。女の子のいない、『男だけの成人式』なんて鈍くさい。でも、参加してみると面白いんです、これが。二〇〇人以上集まってました」と東谷教諭は笑顔で話す。

ボランティア精神やサービス精神とも違う。同校の生徒は、代々バカげたことを企画するのが好きな連中なのだという。

ずいぶん前のことになるが、文化祭のクラスイベントで「人間イス」のギネス記録に挑戦したことがあったという。前のひとが後ろのひとの膝の上に座り、連なっていく遊びだ。当時の記録が三四〇〇人。それ以上をグラウンドに集めるとあって、普段はノリの悪い奴らも含めてクラスが一丸となって取り組む。その模様がテレビで放映され、大騒ぎとなった。そんな、お祭りを楽しむ伝統があるのだ。

東谷教諭が続ける。

「思春期の男子には、母親や女子の目を気にしなくていい、男同士の横のつながりが大切なんです。『そんなことをして何になるの？』という非生産的なことにでも真剣に取り組めるのが男子の良さです。自分たちで一つの目的に向かっていっしょになる経験を、もっとたくさんできるようにしていきたいですね」

同校は部活も盛んで、特に運動部系が強い。多くの進学校では高二で部活を引退し、受験態勢に入るが、城北は違う。ほとんどの部活が高三の夏や二学期の文化祭まで活動を続けているのだ。

生徒には「夢をもて。大学進学は夢ではない。受験勉強のためにいまやりたいことをあきらめるな。やめるな」と指導しているという。もちろん、途中で退部してしまう生徒もいるが、まわりの生徒はそれを責めたりしない。また、やめた生徒たちが、残って頑張っている仲間の試合を応援しに行くことも多いという。「それは面白い光景です。彼らを見ていると、『男同士っていいなぁ』と思いますね」と東谷教諭。

ギリギリまで部活に打ち込んでいるにもかかわらず、現役で大学に進学する生徒が多いのが同校の自慢でもある。二〜三月になると、「先生、オレ、奇跡を起こしました！」と電話のむこうで第一志望合格を叫ぶ生徒がいたり、「えっ、アイツが受かっちゃったの？」という大逆転ヒーローが生まれたりする。

理由の一つは、何事にも夢中になれるような、馬力がある生徒が多いからだろう。そしてもう一つは、学校が「塾いらず」を標榜していることだろう。学校の中だけで十分な受験対策ができるのだ。

制服は勝手に着崩してはならない——巣鴨（東京都／私立）

「硬派な学校という、間違ったイメージをもたれることが多くて困っています」

巣鴨の堀内不二夫校長は苦笑いで話しはじめた。これまでに幾度となく同じ説明をしてきたのだろう。

「硬教育」を教育方針として掲げ、一九一〇年に巣園学舎という私塾を創設したのがはじまり。その硬教育という言葉から硬派の印象が定着してしまった。

しかし、「硬教育」のルーツをたどると、その意味合いが異なることがわかる。巣園学舎創設当時、アメリカから「ソフト・エデュケーション（軟教育）」という思想が入ってきた。初等教育において、児童のレベルにあわせてかみ砕いて教えるという意味だ。対して「中等教育はそれだけではだめ。生徒本人が自ら努力するべき」との考えから、「硬教育」というアンチテーゼを掲げたのが巣鴨だった。「硬教育」とは、「自ら努力して、徹底して自己を追求せよ」という意味なのである。

最長約三五キロも歩いて大菩薩峠を越える強歩大会や、ふんどし姿で遠泳に挑戦する巣園流水泳学校、約一週間の剣道・柔道寒稽古など、同校ではいかにも男子校らしい厳しい伝統行事が続けられている。強歩大会には、毎年約五〇人のOBがサポートに駆けつけてくれる。

行事に参加することで、生徒たちは巣鴨の伝統を肌で感じる。特に中一は、自分が巣鴨という伝統の末端に入り、ゆくゆくはいまだ見ぬ後輩たちにつないでいかなければならない責を負ったことを実感するのだ。

「苦しみに耐えさせる教育とは、ただ我慢させることではありません。権利や利益など目先の目標ではなく、その先に、もっと大切で大きなもの、すなわち勇ましく高潔な人生があるということを示すことが重要です」と堀内校長。

それがなければ、いくら仰々しく伝統行事を催しても、ただの体力トレーニングになってしまうだろう。そのために、堀内校長は毎週の朝礼で折に触れ論語の一節などを引いて生徒たちに諭す。

「ただ難しい大学にたくさんの生徒を入れたいのなら、伝統行事などぜんぶやめて勉強ばかりさせればいいのでしょうが、そんなものは教育ではありません」

伝統を重んじる姿勢は、生徒たちの制服の着こなしにも見ることができる。多くの男子校と同じように、細かいことに目くじらを立てるような生活指導はしていないが、制服を勝手に着崩すなということは厳しく指導する。「制服は個人に属するものではなく、伝統に属するものである」という考えからだ。伝統に対する敬意や、同校の生徒としてのプライドを制服の着こなしで示すのだ。

逗子湾が校庭——逗子開成（神奈川県／私立）

一九〇三年、東京の開成の分校「第二開成学校」として設置され、一九〇九年経営的に独立した。校章は「ペンは剣よりも強し」に独自に桜を加えたもの。

一九五三年にはすでに生徒数二〇〇〇人弱の大規模校に成長していたものの、その後さまざまな要因が重なり志願者減少。一九七三年にはついに中学校の募集を停止した。一九八四年に徳間康快が理事長に就任すると、学園改革を急ピッチで進め、一九八六年には中学校の募集が再開された。

徳間康快は逗子開成出身で徳間書店初代社長、大映やスタジオジブリの社長も務めた日本映画界の重鎮だ。校内に「徳間記念ホール」と呼ばれる本格的な映画館設備があり、教育の一環として映画鑑賞を行うのが同校の特徴の一つ。

逗子海岸沿いには「海洋教育センター」という建物がある。地下にある工作室で、生徒自身が中一から中二にかけて自分のヨットを製作し、実際に逗子湾を帆走する。学校の目の前の海で遠泳も行う。「海洋人間学」は逗子開成の教育の大きな柱だ。

土曜日には普段の授業とはひと味違う教養講座的な意味合いの強い「土曜講座」が開かれる。生徒が自由に選べるメニューには、「お泊まり保育を手伝おう！」「ウルトラ警備隊はレーザーでバルタン星人を倒せるか？」「かっこいいカラダの作り方」など非常にユニークな講座名が並ぶ。

また、総合的な学習の時間を利用して「人間学」を六年間学ぶ。コミュニケーションスキルの向上から、平和問題、環境問題、人権問題、自己探求、異文化体験まで、徐々に視野を広げ思考を深めていく。中三で全員参加のニュージーランド研修や高二で全員参加のアジア研究旅行もその一環。アジア研究旅行は、韓国、マレーシア、ベトナム、沖縄、北海道の五コースからの選択制だ。

ユニークな思考力型入試で注目――聖学院（東京都／私立）

一九〇三年に聖学院神学校設立。一九〇六年、宣教師H・H・ガイ博士により聖学院中学校が設立された。聖学院の駒込キャンパスには男子中高のほか、女子中高、小学校、幼稚園がある。埼玉県上尾のキャンパスには大学、大学院、大学総合研究所、幼稚園がある。

聖学院のスクールモットーは「神を仰ぎ人に仕う」。二〇〇二年に制定された「聖学院教育憲章」は「Only One for Others.（他者のために生きる個人）の教育」と宣言する。「人間力の育成」「思考力の育成」「国際力の育成」が教育の三本柱。

児浦良裕教諭は「やる気が満ちあふれ成長するタイミングは生徒によってまちまちです。それぞれのタイミングを待ち、逃さないようにするため、六年間を通じてさまざまな機会を用意しています」と言う。

キリスト教精神に基づく毎日の礼拝や福祉活動のほか、北アルプスでの登山やテント生活体験、新潟県糸魚川市での農村体験、ソーシャルデザインキャンプ、沖縄平和学習などのプロジェクト・ベースド・ラーニング形式の体験学習の機会が毎年ある。そのほか、豊富な探究型授業、年一〇回以上の授業デザイン研究、外部コンテストへの参加者数と表彰数多数、五方面への海外研修、四方面への長期留学、年五回の国内グローバル研修、豊富なクラブ活動、多種多様な課外プロジェクトやラボの設置、他校との連携プログラムなど。

「その教育の数や質はどこにも負けないと思いますが、それ以上に生徒たちの成長エピソードを紹介できる数はおそらく日本一だと思います。海外難関大学や国内グローバル大学への進学も増えており、生徒たちが納得感の高い進路実現を果たせていると考えています。これらの成長エピソードや進路実現を達成するために、聖学院教育『第二の指標』を自分・他者・社会・スキルの四項目で設定し、数値化しています」

いわゆる「21世紀型教育」にも特に積極的に取り組んでおり、そのための学習空間「フューチャーセンター」が二〇一六年にオープンした。「MANABASE」と呼ばれる自習室は全学年が使用可能。卒業生チューターが勉強を教えてくれるだけでなく、良き相談相手になってくれる。

また、児浦教諭は「日本一レゴブロックがある学校」とも表現する。なぜレゴブロックなのか。

「女子に比べると男子は言語化能力が劣る傾向があります。生徒たちの言葉にならない賜物を引き出し、その賜物に言葉を与えてくれるツールとして、レゴブロックをよく利用します」

「自分の考えを書け」と言われてもなかなか書けない子どもは多い。でも「自分のアイディアをレゴブロックで表現してみて」というと、手が動く。そして「なぜこれをつくったのか、説明してみて」と言うと、言葉が出てくるというわけだ。レゴブロックを活用した中学入試は新しいタイプの中学入試として注目されている。

カトリック系でありながらダイナミック——聖光学院（神奈川県／私立）

シンガーソングライター小田和正氏が、名曲「マイホームタウン」で歌うのが聖光学院時代の思い出だ。小田氏は同校の三期生にあたる。

フランスのキリスト教教育修士会が母体となり、カトリックの男子校として一九五八年に開校した。「紳士たれ」が合言葉で、横浜山手の高台にあるという立地からもスマートで洗練された男子校というイメージが強い。またキリスト教系であるため、どちらかといえば規律重視の校風といわれる。

しかし、卒業生でもある工藤誠一校長はざっくばらんな立ち居振る舞いで有名。そのせいか学校内に余計な緊張感や堅苦しさはない。工藤校長になってから学校のイメージが変わったという声も少なくない。

「かつては青白きインテリのようなイメージの子が多かったかもしれませんが、いまは勉強もスポーツもできるバランスの良い生徒が増えています。周囲には女子校が多いため、元町あたりでデートしている生徒をときどき見かけますが、もちろん声をかけたりはしませんよ。微笑ましく見守っています」

また工藤校長は、「日本で男子校というと、昔はバンカラなイメージが強かったですが、これからの男子校はそれだけではいけない」と指摘する。中一・二でのキャンプ合宿や、高一での登山キャンプなど、克己心を鍛える行事は昔からやっていた。工藤校長は、それらに加えて必要な教育は創造力や知的好奇心を育む情操教育であると説く。校長就任後、「聖光塾」「選択芸術講座」「中三選択総合演習」というユニークな講座を開設した。ジャンルを問わず多彩な経験をさせることで、生徒がひととしての幅を広げる契機を増やしたいという思いからだ。

「聖光塾」とは「里山の自然」「裁判の傍聴」「英語劇」「釣り」など、自由参加で学年を限定しない啓蒙的な体験学習講座だ。「選択芸術講座」は「美しいものに感動する喜びは国境を越える」という考えにもとづき、国際社会で活躍する人材を育成する目的で豊かな感性を育むための講座。「声楽」「クロマチックハーモニカ」「陶芸」「演劇」などがある。「中三選択総合演習」は社会の第一線で活動する諸団体の協力のもと、最先端の技術に触れたり、福祉の現場に参加したりする社会体験講座だ。

近年、同校は東大合格者数ランキングで神奈川県トップになるなど進学実績の伸びも目覚ましいが、決して受験指導に注力しているわけではなく、むしろ教養学習を重視しているのが実情だ。

「一人の男として生徒と向き合うのが信条」という工藤校長は、ストレートな物言いで、保護者からも人気が高い。

「男子は理想が強い。ロマンを語って夢に訴えかけなければいけない。瞬発力はあるが持続力はないので、絶えずメッセージを発信することが重要だ」

二〇一一年六月、工藤校長の呼びかけに応じた生徒たち八〇人が岩手県宮古市に行き、ヘドロ除去のボランティアを行った。震災発生からたった三カ月。学校として生徒を被災地に行かせることは、本来であれば大きなリスクを伴う決断だが、工藤校長はこう主張する。

「公立校ではできない決断だったでしょうし、男子校だったからこそ決断しやすかった部分はあります。これからの日本を担うリーダーを育成するためには、画一的で組織化、効率化された教育ではダメです。私学の存在意義はそこにあります。そのなかでも、特に男子校にはリスクを恐れないダイナミズムが必要だと思います」

日本で初めて臨海学校を実施した——成城（東京都／私立）

一八八五年、陸軍士官学校・幼年学校への予備教育を行うために設立された。校名は、「知徳に優れた頑健な男子は城（国家・社会）を成す」を意味する「哲夫成城」という故事に由来する。校訓は、「自学自習」「質実剛健」「敬愛親和」「自治自律」。

校章の三光星は、儒教の「知・仁・勇」を表す。栗原卯田子校長はそれぞれ「確かな知識、教養、賢明な知性」「思いやりの心、チームワークを得意とする柔軟さ」「いかなる困難な課題にも果敢に挑戦する勇気」と言い換える。

栗原校長は、私立男子中高一貫校では珍しい女性の校長。もともとは東京都立の高校の教員で、都立小石川中等教育学校の校長として積極的にグローバル教育を推し進めた経験がある。

「都立高校や都立中高一貫校での指導経験から、男女の成長の仕方の違いは大きいなと感じていました。成城に来て、男子に合わせた教育がうまく機能しているなと感じました」

現在日本の多くの学校で行われている臨海学校や林間学校は、大正時代に成城から始まった。特に臨海学校はいまでも学校の象徴。行事の間、高二の精鋭が、補助員として中一を指導し、守る。中一はその姿にあこがれを抱き、それが目標になる。

ほかにも当時世界から注目されていた「ドルトンプラン教育」を取り入れるなど、成城は「大正新教育」と呼ばれる教育新潮流の発信地だった。東京都世田谷区の成城学園は成城から分離・独立したもの。

現在では、カリフォルニア大学など世界のトップ校の学生を学校に招いて行う「エンパワーメント・プログラム」、オーストラリアと台湾での「グローバルリーダー研修」など

「成城版グローバル教育」にも力を入れる。

ダライ・ラマが三度も来校した――世田谷学園（東京都／私立）

「全員でカナダに英語研修に行くことや、ダライ・ラマ法王第一四世が過去三回も来校していることなどを、学校説明会などでは先に話します。学校の中に禅堂があるというと引かれちゃうこともあるので」と笑いながら言うのは宝地戸通至教諭。

高一で約一〇日間のカナダ英語研修に行く。そのほか中二でも希望者を対象にニュージーランド研修があるなど、多岐にわたるグローバル教育が特長だ。

世田谷学園の源流をたどれば一五九二年にできた曹洞宗吉祥寺の学寮であり、道元禅師と螢山禅師を両祖と仰ぐが、私立学校令にもとづいて「曹洞宗第一中学林」と改称された一九〇二年を創立年としている。

教育理念は「天上天下唯我独尊」。「この世界で、私には、私だけがもっているかけがえのない価値がある。それと同じように、私だけではなくすべての人々にそのひとだけがもっているかけがえのない価値がある」の意味。いまではこれを「Think & Share」と英訳して使用している。

目指す人間像は「智慧の人（自立心にあふれ、知性を高めていく人）」「慈悲の人（喜びを、多くの人と分かち合える人）」「勇気の人（地球的視野に立って、積極的に行動する人）」。モットーは「明日をみつめて、今をひたすらに」「違いを認め合って、思いやりの心を」。

「生き方」の授業では「自分って何だろう」や「なぜ学ぶのか」などについて考える。校内の禅堂では年四回、坐禅の実習も行う。中二では福井県の永平寺、高三で神奈川県の總持寺に行き、研修を行う。一二月には体育館で早朝坐禅会が行われる。毎年約五〇〇人の生徒が自ら希望して参加する。体育館のステージ中央の扉の中には三体の仏像が鎮座している。

登校時・下校時には、正門にある白線で立ち止まり、校舎に向かって一礼をするのが習わしだ。ひとつには「頭を下げている自分自身を見つめる」という意味がある。

温厚な男の子たちがマイペースにすごす──高輪（東京都／私立）

最寄り駅からは、赤穂浪士の墓があることで有名な泉岳寺の境内を通って通学するが、組織的な意味での寺とのつながりはない。二〇二〇年春には目の前にJR高輪ゲートウェイ駅ができる予定。

一八八五年、浄土真宗京都西本願寺がつくった普通教校がその祖だが、現在、仏教とのつながりはない。一九〇一年に東京に移転した。一九六八年から中学校の募集を停止していたが、一九八九年に再開。歴史は古いが、中高一貫校としては新しいイメージがある。

校訓は「自主堅正」。自分の意志で自分を戒め正すことを意味する。教育理念として「見えるものの奥にある見えないものを見つめよう」を掲げる。

中一の自然体験学習と中二の農工芸体験学習は三泊四日、中三の西日本探訪は四泊五日、高二の海外学校交流はオーストラリアでの五泊六日と宿泊行事が充実している。「琉球三線同好会」は西日本探訪をきっかけにつくられた。希望者にはイギリスでの語学研修やアメリカでのホームステイのチャンスもある。

男子校にしては校庭が狭いのが難点。サッカー部や野球部などの一部の運動部は近隣の施設を借りて練習している。

「周辺にはゆるい穏やかな校風の男子校がほかにもあるが、うちはそのなかでも一段とソフトではないか。鉄道研究会など、インドアな趣味をもつ男の子たちでも生き生きしています」と真壁亨教諭は笑う。

農業学校から超進学校へ――筑波大附属駒場（東京都／国立）

東大駒場キャンパスのお膝元。一学年一六〇人しかいないため、東大合格者数ランキングで一位になることはまずないが、東大への進学率は全国の高校のなかでも突出して高い。そういうと、いかにも東大受験に特化した教育を行っているのかと思われるかもしれないが、実際はまったく違う。

制服はなく、校風はいたって自由。授業をする教員もジャージ姿にサンダル履きだったりする。高校生になればスマホやパソコンの持ち込みに関する規定もない。特に中学校のうちは授業中の突飛な発言も多いが、ベテランの教員たちはそれをもネタにしながら授業を進める。昼休み、校内のあらゆるところで寝そべりながら弁当をつつく牧歌的な生徒たちの姿を見ると、ここが全国屈指の進学校であろうとは誰も想像しないだろう。

音楽祭、体育祭、文化祭が三大行事。音楽祭はクラス対抗の合唱コンクール。異性の目を気にせずに心を込めて歌う。体育祭は二日間にわたって「オリンピック形式」で行われる。球技や剣道などの種目が、校内所狭しと同時並行で進む。実行委員はプロ顔負けの「仕切り力」「段取り力」を発揮する。文化祭の名物は、中庭での食品提供や縁日、ステージなどの高三による企画。限りある電力を効率よく使用するための電源供給インフラ構築まで、生徒たちが毎年自分で考える。

明治の初期にできた農業学校の流れをくむ。戦後東京農業教育専門学校附属中学校として開校し、一九四九年には東京教育大学に包括され、一九五二年に東京教育大学附属駒場中学校・高等学校と改称。一九七八年に東京教育大学から筑波大学に移管された。

明治のころから実験田として使用されていた「ケルネル田圃」は、学校から徒歩五分の京王井の頭線の線路沿いにいまでもある。そこで「水田稲作学習」を行うのが伝統だ。中一と高一が、田植えをし、田んぼの手入れをし、収穫し、それを卒業式や入学式のお祝いの赤飯にする。

運動会や文化祭の実行委員と並んで、水田委員というのがある。水田委員長は筑駒生の象徴的存在でもある。

林久喜校長は筑波大学生命環境系教授でもあり、農学博士。水田学習の際には、自らケルネル田圃に足を運び、生徒たちを指導することもある。泥んこになってはしゃぐ生徒たちを見て「これが筑駒生の実態です」と笑う。

中三では「テーマ学習」、高二では「課題研究」という探究学習の場が用意される。教員が高度にアカデミックな講座を用意し、生徒たちの前でプレゼンし、参加者を集める。筑波大学と連携して、大学の研究や授業を体験させてもらう機会もある。各種国際科学オリンピック、国際哲学オリンピックなど、国際的な舞台で桁違いの活躍をする生徒がぞろぞろいるのもうなずける。脅威の大学合格実績はそのおまけである。

中一から大学進学を意識したコース分け――東京都市大付属（東京都／私立）

創立は一九二九年。一九四九年に武蔵工業大学が設置認可され、その二年後に武蔵工業学園高等学校が設置認可された。一九五六年には中学校を開設し、中高一貫校化。建学の精神は「公正・自由・自治」。「健全な精神と豊かな教養を培い、未来を見つめた人材を育成する」という哲学が根底にある。

かつては「ムサコウ」の愛称で親しまれ、理系志向の強い硬派な男子校のイメージが強かったが、二〇〇九年に校名を東京都市大学付属中学校・高等学校に改称し、校風も変わった。近年は医学部志向が強まっている。

中一の入学時から、「Ⅰ類」と「Ⅱ類」の二コースに分かれる。「Ⅰ類」は難関国公立大・早大・慶大等の難関私大への現役合格を目指すコース。「Ⅱ類」は東大・京大・東工大・一橋大・国公立医学部などへの現役合格を目指すコース。ただし、進級時の成績と希望でコースが変われる。

学習習慣と学習姿勢を身につけるために「タイムマネージメントシート」と呼ばれる予定表で各自学習時間の管理を行い、随時担任とも情報共有する。放課後には「基礎補習」と「応用講座」がある。「基礎補習」は弱点補強のための指名制補習。「応用講座」は希望者を対象にした発展的内容。要するに、落ちこぼれと吹きこぼれ対策の講座である。放課後の自習室では東大生チューターや医学部担当講師が学習をサポートしてくれる。先輩や同級生との学び合いの場である「ラーニングコモンズ」で希望の講座を選択することも可能だ。夏休み、冬休み、春休みにも講習がある。高校になると五泊六日の学習合宿も実施され、大学入試に向けた実践的な演習が行われる。

もちろん大学進学指導ばかりをしているわけではない。中学三年間で六〇テーマにもおよぶ科学実験に取り組み、毎回レポートを作成し、記述力や論理的思考力を育成する。高一の「中期修了論文」では四〇〇〇字以上の論文執筆に挑戦する。「弁論大会」や「キャリア・スタディ発表会」など、自ら調べ、考え、プレゼンする機会も豊富だ。

「男子の成長過程を見据え、特性を生かしている面倒見の良い学校」と長野雅弘校長は言う。

生徒のやんちゃに徹底的に付き合う――東大寺学園（奈良県／私立）

雑木林の切り通しを抜けると、まさにお寺を思わせる門構えの東大寺学園。広大な敷地は緑に囲まれている。これ以上ない学園環境だ。

「男子校はただでさえ汗臭くてむさ苦しい空間ですから、せめて敷地が広くて、緑がないと息が詰まりますよね」と冗談交じりに言うのは布村浩二教諭。

一九八六年に現校舎へ移転するまで、奈良の大仏で有名な東大寺境内に校舎があった。経営母体は東大寺。仏教校である。しかし、授業に宗教の時間はない。もともとは東大寺が地域の住民に学問の場を開放するために設けた学校であるため、宗教を流布するという目的はなかった。

そのためか、一般的な仏教校のイメージとは裏腹に、校則というものはない。また、かつては制服があったが、生徒会からの要望により廃止された。いまどきはもう流行らないが、かつては金髪どころか、髪を赤く染めた生徒や、ピアスをしている生徒も見かけた。夏にはタンクトップに短パンも当たり前。「災害のときに走って避難できる格好であればいい」というのが生徒の服装に関する学校のスタンスだ。

「ただし、自由と放任は違います」と布村教諭は言う。同校が考える自由とは、「子どもたちが望むことを自由にさせる」という意味。たとえば、修学旅行は行き先も内容も生徒たちが決める。「自分たちならできるはず」と思うギリギリのところまで挑戦させて、達成感を味わわせる。それが成長につながるのだ。

生徒に任せるということは、あらゆるトラブルを想定し、ハラハラドキドキしながら見守り、ときには臨機応変なフォローが必要になるということ。つまり、「生徒の自由を確保する」のは教員にとって負荷が高いことを意味する。教員に負荷がない「放任」の状態では、一つの行事も成立しないという。

徹底的に生徒に付き合うスタンスは、次のようなエピソードからもわかる。

「うちの生徒は無邪気というか幼いというか……。女子の目がないからか、いくつになっても落ち着きがありません。卒業アルバムの写真を全裸でということになり、『さすがにぜんぶ写っちゃまずいだろ』と教室のカーテンをみんなで腰に巻いて撮影したこともありました。もちろん、私もいっしょです」と布村教諭。

進路指導に関しては「学校側からは大学名を挙げない」のがルール。「当時の自分の成績では到底難しい目標を掲げた僕に、先生たちは絶対に『無理だ』と言わずに応援してくれた。それがうれしくて頑張れました」と言いながら、自分が取り組んできた段ボール二箱分の問題集とノート、そして合格通知を持って職員室に現れた生徒もいたという。

生徒たちを信じ、思う存分やらせてやる。それにより生徒一人一人がもてる個性と力量を最大限に発揮する。要するにそれが同校の教育だ。書けば容易いが、実際にこれを徹底するのは難しい。まず教員が元気でなければならない。その点、同校の教員は約九割が専任で、教員一人あたりの担当コマ数も比較的少ない。そのため、教員が楽しみながら生徒を指導する余裕があるという。

また、保護者を巻き込むことも大切なポイントだ。学校が保護者から信頼されているからこそ、いまのような大胆な行事や学校運営が可能だというのだ。

「生徒を中心に据えた理想的な環境を整えるために学校はある」という姿勢がひしひしと伝わってくる。

発達段階に応じた刺激——桐朋（東京都／私立）

JR国立駅から徒歩で約一〇分。武蔵野の自然に囲まれた環境に桐朋はある。二万三〇〇〇坪という広大な敷地の中には、ツミという猛禽類が繁殖することで知られる雑木林もあり、夏にはカブトムシも捕れる。もともとは軍人師弟の教育を担う目的で設立された学校であったが、戦後、教育基本法の原案作成者の一人であった務台理作を校長に迎え、民主教育を体現する学校として生まれ変わった。

「改めて卒業文集などを読み直してみると、自由と責任に関する記述が多いことに気がつきました。『生徒のやりたいことを認めてくれる学校』『生徒を大人扱いしてくれる学校』という表現も目立っていますね」と片岡哲郎校長は話す。

規則を示して守らせるのではなく、そのたびに生徒たち自身に規則を決めさせる文化がある。たとえば、遠足にゲームを持っていくことを許可するべきかを生徒同士で議論させる。教員が口を挟まなくても落ち着くところに落ち着く。中学生は制服着用で、高校生は自由だ。

普通の進学校であれば、ある程度学力の幅は限定されるのだが、桐朋は状況が異なる。同じ系列の小学校から上がってくる生徒も、中学受験で入ってくる生徒も、高校受験で入ってくる生徒もいるからだ。それでも高三まで文理別の編成を行わず、さまざまな特質を持った仲間のなかで多様性を学ぶことを大切にしている。受験指導の観点からは効率が悪そうだが、片岡校長は次のように語った。

「卒業文集で『桐朋ほど、自分から勉強をしたいと思わせる学校は、ほかにないのではないか』と書いてくれた生徒がいました。本校は、どんな自分になりたいのかを考えさせるためのしかけをたくさん用意しています。一度自分からやる気になった生徒は、もう止まりません。自らの内なる声に動かされ、目標を達成する。その勢いは大学に入っても止まりません」

そして荒井嘉夫教諭が補足する。

「今から三五年ほど前、受験用の添削指導を学校として行ったり、勉強合宿を行ったり、大学受験の指導に力を入れた時期がありました。しかし、そのやり方に疑問をもった教員たちが『平常授業の充実』に方針を転換すると、進学実績が伸びたのです。それからは手とり足とりの指導ではなく、生徒たちの自主性を重んじるスタイルが確立しました」

遠足や修学旅行を生徒たちに企画させるのも伝統。帰りの新幹線の中でみんなから感謝された修学旅行委員が涙する光景も毎年の恒例。「行事で人間をつくる」のが桐朋流だ。

また、平常授業のなかでも発達段階に応じた刺激がある。国語の授業では、それぞれの時期にふさわしいテーマの作品を選ぶ。中三の美術の時間には自画像を描いて自己洞察を深める。家庭科の時間を利用して、桐朋女子の女子生徒とジェンダー論についての討論会を行ったりもする。発達段階に応じたさまざまな刺激を与えることで、自分の進むべき道を考えるように仕向けているのだ。自発的に選んだ道を進むためならば、生徒たちは自発的に頑張るようになる。

「男子だけだからこそのやりやすさを生かしています。『いまこんな刺激を与えれば、きっとこんな反応が返ってくる』というのは長年の指導である程度予測がつきます。それに、何よりわれわれ教員が自由であることが大きいですね。六つの学年が独立していて、それぞれに絶えず新しいことに挑戦しようと企んでいる。新たな取り組みのなかで、うまくいかなかったことは改め、手応えあるものが残り、桐朋の教育を形づくっています」と荒井教諭。

都会的でスマート――獨協（東京都／私立）

獨協の創立は一八八三年。言わずと知れた伝統校ではあるが、獨逸学協会学校が前身というだけあって西洋の香り漂うスマートな校風が特徴だ。

立地的にも椿山荘や東京カテドラル、日本女子大などに囲まれる都会的な環境にあり、「生徒たちも自分たちのことを都会的だと意識している」と坂東広明教頭は話す。「獨協生が社会に出るとみんな社会の優等生になれる」という言葉が語り継がれ、その名に恥じない行動を自然と心がけるようになる文化が根づいているという。

「丁寧に育てる」が獨協流。たとえば「獨協手帳」を使って日々の時間の管理を生徒に自ら行わせている。週一回担任が回収し、コメントを付けて返却する。規律で縛るのではなく、お互いを理解することで自立を促す。また、中一・二で行われる臨海学校や林間学校はクラスごとに実施する。生徒同士だけではなく、生徒と教員が男同士のより密な関係を築くことを目的としている。

「男子の特性を熟知した男子校だからこそ、男子を伸ばすしかけが豊富にあります」と坂東教頭が言うように、同校のカリキュラムは男子の特性に合わせて設計されている。たとえば男子が苦手意識をもちやすい英語については、授業時間数を多くするだけではなく、副教材を独自に開発し、モチベーションを上げるための行事まで用意しているというきめの細かさだ。

六つの学校がある——灘（兵庫県／私立）

創始者は近代柔道の祖・嘉納治五郎。実は彼、二三年半もの間、東京高等師範学校（現在の筑波大学）の校長を務め、ときに文部参事官も兼務した、教育のプロ中のプロでもあった。

校是の「精力善用」「自他共栄」は治五郎が柔道修業のなかで見出した信念で、「もてる力を最大限に発揮する姿勢」と「助け合い、譲り合う精神」を表している。

現在の校舎は二〇一三年に増改築されたが、その際できるだけ戦前からの校舎の面影を温存したために、ところどころにレトロな雰囲気を残している。特に目を引くのが机と椅子が固定された無骨な「机椅子」。戦前から使用されている灘名物である。学級委員長のことを「級長」と呼ぶのも戦前からの名残。「変える必要のないものは変えない」が灘のポリシーだ。

創立は一九二七年。阪神間の人口増加に中学校の設立が追いつかず、地域の声に応える形で地元の豪商だった二つの「嘉納家」と「山邑家」が資金を出して設立した。二つの嘉納家は「菊正宗」と「白鶴」で有名だ。山邑家は「櫻正宗」の蔵元である。要するに、「灘の酒」の酒蔵がつくった学校なのである。そこで嘉納家の分家筋に当たる治五郎が指揮を執ったというわけである。

初代校長は、東京高等師範学校における治五郎の教え子だった眞田範衛。「灘を日本一の学校にする」と当初から意気込んだ。眞田は相当に気骨のある人物だったらしい。それでも神戸一中、甲陽、甲南など、近隣には優れた学校がすでに多数あり、後発の灘は、優秀な生徒を集めるのに苦労した。

戦後の学制改革により神戸一中が新制県立神戸高校に改組する際、学区再編、共学化によって混乱が生じた。そのとき、眞田の後を継いだ二代目・清水実校長は賛否両論の奇策に打って出る。神戸一中をはじめとする地域のナンバースクールの生徒たちを無試験で灘に編入させたのだ。

これが功を奏し、数年後には県下トップの進学実績をたたき出すまでになった。そのまま勢いに乗り、一九六〇年には東大合格者十傑に入り、一九六八年には日比谷高校を初めて首位から引きずり落とした。

その直後、全国の高校に学園紛争の嵐が吹き荒れる。灘でも三日間授業が中止され、学校のあるべき姿についての話し合いが行われた。このとき、服装や髪型の自由化が認められ、罰則を伴う校則は撤廃された。成績順の発表はなくし、分布表を配付するだけになった。「灘校生らしくあれ」が不文律とされ、生徒の意思を尊重する校風が成立した。

主要科目の教員が学年団を組み、六年間持ち上がりで一つの学年を担当するしくみもこのころできた。だから学年ごとにカラーが違う。「灘には六つの学校がある」といわれるゆえんである。逆にいえば、秘伝のカリキュラムだとか教材だとか、学校として一律の東大必勝法があるわけではない。各教員に最大限の裁量が与えられ、各自が時代を見つめ、生徒たちを見つめ、自ら考え、自らの信じる最高の授業を行っているのだ。

結果として、たとえば数学については中二の一学期くらいには一般的な中学生の範囲を終えてしまい、高二の時点で高三用の全国模試を受けて互角に戦える学力を身につけてしまう。

ただし週当たりの授業数は三二と私学のなかでは圧倒的に少ない。それだけ密度の濃い授業が行われているのだ。実際授業を見学してみると、一般的な高校の授業を1・4倍速くらいのスピードで再生して見ているような感覚に陥る。

すごいのは進学実績だけではない。数学研究部は中学生のうちから大学生もびっくりの専門書を輪読し、国際数学オリンピックなどで数々の輝かしい賞を獲得している。科学系の各研究部は、各種国際科学オリンピックで世界レベルの活躍を誇る。ディベート部、将棋部、囲碁部も全国トップレベルの常連だ。卒業生にはノーベル化学賞の野依良治がいる。

一九九五年一月一七日未明、阪神・淡路大震災が灘を直撃する。幸い直接的な学校関係者に死者は出なかったが、体育館は遺体収容所として使用された。治五郎縁の柔道場を避難所として解放した。グラウンドには自衛隊が駐屯し、炊き出しや風呂の提供を行った。七月くらいまで、学校のなかに避難者がいた。

「最悪の厄災ではありましたが、近所の方々との絆を深める機会にはなりました」と和田孫博校長。そんな状況下、その年も灘は底力を発揮し、東大・京大に例年と遜色ない合格者を出した。「なかには避難所生活を余儀なくされた高三生もいました。避難所で勉強していたのかなと思うとね……」と和田校長は声を詰まらせる。

和田校長は自ら中一の一学期の道徳の授業を担当している。学校の歴史を話す際、必ず震災の話をする。

体験学習「創発学プログラム」が目玉――日本学園（東京都／私立）

一八八五年、東大に進学を希望する学生に英語を教えるためにつくられた。創立者・杉浦重剛の「人は得意な道で成長すればよい」が校訓。卒業生は吉田茂や横山大観など超大物ぞろい。校舎は国の有形文化財に指定されている。

教育の目玉は得意を伸ばす「創発学プログラム」。男子の成長段階に合わせて考案された、同校オリジナルの教育である。中一から、林業体験、漁業体験、農業体験など、さまざまな体験学習や課外活動を通して調査、研究、取材、まとめという作業を自ら考えて行い、得られた結果をプレゼンテーションや壁新聞などの形で発表する経験を積み重ねる。その集大成として、中三では「一五年後の自分」をテーマに、自分が将来就きたいと考えている職業について調査や取材を行い、自らの将来をプランニングする。

生徒たちが六年間三六五日欠かさず取り組むのが「デイリーレッスンノート」。「三行日記」「英単語」「漢字」の基本的な課題をくり返し、基礎学力を身につける。中学生には「にちがく講座」、高校生には「モジュール授業」と呼ばれる自由選択の講習が、早朝や放課後に豊富に設定されており、得意科目の教科や弱点克服に利用されている。

逆のことをやりなさい――広島学院（広島県／私立）

瀬戸内海を見下ろす丘の上。正門には「イノシシが出没するので常に閉めておいてください」という張り紙がある。ワイルドな裏山にはイノシシ捕獲の罠まで置かれていて、実際にときどきイノシシが捕獲される。夏、校舎脇に流れる小川ではホタルが見られる。毎日がまるで林間学校。自然好きな男の子にはたまらない環境だ。

「教育の力で広島を励ましたい」と、多くのアメリカの人々の寄付を受け、一九五六年にカトリックのイエズス会が設立した。沖縄で日本兵との戦闘を経験し戦争の愚かさを痛感した神父やフィリピンで日本兵に父親を殺された神父などが集まり、創立当初の学校を支えた。

二〇一六年に、神奈川県の栄光学園や兵庫県の六甲学院などイエズス会系の姉妹校が学校法人上智学院に合併された。組織を統合した理由は中高で働くイエズス会士の不足。神父が減少するなかで、伝統のイエズス会教会を一般教員で組織的に継承する狙いがある。

校訓の「Be Men for Others, with others」は姉妹校共通だ。平和学習はもちろん、東日本大震災被災地でのボランティア、路上生活者の方々への炊き出し、フィリピンのスラム街訪問などの機会がある。トイレ掃除も生徒たち自らが行う。根底に「アジェレ・コントラ」の精神がある。ラテン語で「逆のことをしろ」の意味だ。つまり「易きに流れることと反対のことをしなさい」。

「世間的にはガリ勉の学校だと思われていると思いますが、生徒たちは自由を感じていると思いますよ」と言うのは倉光望教諭。自らも広島学院に学び、親子三代に渡って広島学院の教員をしているという生粋の広島学院育ちである。

海軍風の紺色の蛇腹の制服で丘を登り学校にたどり着くと、生徒たちは「校内服」に着替える。「休み時間は外で遊びなさいと指導しています。その代わり、制服を汚さないために着替えさせています。以前は上下真っ白だったのですが、『ちょっと異様だろ』ということで、割と最近、上着は紺色に変えました」と笑うのは阿部祐介教諭。

運動部がクロスカントリーコースとしても使用するという山道を行くと、裏山の林の中にぽつんと一軒の小屋がある。中を覗くと木工の工房になっている。生徒たちが使うハンガーや、聖堂で使われる祭壇などがそこで手づくりされている。工房の主は御年七八歳のスペイン人修道士のロサドさん。なんと一九六六年に広島学院にやって来て、ずっと広島学院を見守ってきた。

運動部の試合の前には部員たちがロサドさんの小屋にやってくる。バリカンで丸刈りにしてもらうためだ。「丸刈りが好きらしく、毎週来る子もいますよ」とロサドさんは笑う。まるで「ロサド理髪店」である。

泥臭いけど、穏やかな紳士——本郷（東京都／私立）

「文武両道」という教育方針のもと、学業と部活の両立を目指している。中一の時点では部活への全員参加が原則だ。高校になっても八割以上の生徒が部活に所属している。

ただし、中学生は平日は週三回一日二時間まで、高校生は週五回一日三時間までという活動制限がある。スポーツ特待枠はない。それでも高校ラグビー部が二〇一〇年と二〇一八年に全国大会に出場するなど、輝かしい成績を収める部が少なくない。また、高校では武道も必修となる。柔道か剣道を選択し、三年間で段位の取得を目指している。

学業においては、「勉強で頑張ることも部活動同様カッコいいこと」として「本郷数学基礎学力検定試験」という独自の級・段位を設定したり、各種賞を用意し成績優秀者を表彰したりしている。英語でも中学時代は「本郷英単語力検定試験」を行い、自学自習を促すシステムづくりに力を注いでいる。

同校では「時間を守る」「約束を守る」「挨拶をする」「身だしなみを整える」ということを徹底させている。ただし声を荒げての指導はしない。できていないときはできていないことに気づかせる。気づかないときは気づくまで待つのが本郷のスタイルだ。

手帳を用いた時間管理の指導もユニークだ。

システム手帳のような生活記録表を使って、生徒は自分が何をしたのかを毎日記録する。このツールがあることで、自らを振り返り、先を見通す力が養われる。また「すきま時間」を見つけ、時間を有効活用できるようになる生徒も多い。

勉強に限ったことではない。部活動の限られた練習時間を補うため、このすきま時間を活用する生徒も多いのだという。卒業生に講演をお願いするときには、ありのままの努力の跡を見せるために当時の手帳を持参してもらうこともある。

部活動だけでなく、さまざまな場面で異学年がともに学ぶのも、本郷の特徴である。先に挙げた「本数検」や「本単検」をはじめ、中一と中二の数学の合同授業、級を取得した生徒による英検二次試験の模擬面接、高一が自分の中学卒業論文について発表する「卒業論文発表会」などの機会に、先輩は後輩に格好の悪いところを見せられないと頑張り、後輩は先輩に近づこうと努力する。

「本郷生にシティボーイという言葉はあてはまらない。泥臭いけど、穏やかな紳士という表現が似合う」と野村竜太教諭は笑う。

ひつじになるな、やぎになれ——武蔵（東京都／私立）

一九二二年、日本初の私立七年制高校として創設された。

七年制高校とは、現在の中高一貫校にさらに大学の教養課程を合わせたような学校だ。一二歳で武蔵に合格すれば、七年後にはほぼそのまま無試験で帝国大学への進学が保証されるという変則的な制度だった。受験競争とは無縁の、真のエリート教育が行われていた。そもそもの生い立ちが、受験競争へのアンチテーゼだったわけである。

戦後学制改革が行われ、大学と高校と中学校に分かれた。

創立者は東武鉄道のオーナー根津嘉一郎。「東西文化融合のわが民族思想を遂行し得べき人物」「世界に雄飛するにたえる人物」「自ら調べ自ら考える力ある人物」が武蔵の三理想とされている。「東西文化融合」を今風にいえば「ダイバーシティ」。「世界に雄飛」は「グローバル」。「自ら調べ自ら考える」は文字通りの「アクティブ・ラーニング」。特に三つめは「自調自考」として、武蔵生の合言葉になっている。

大学のキャンパスも合わせると、校地の面積は東京ドーム約一・五個分。そこに濯川という小川が流れ、雑木林もある。野生のタヌキが出没し、なぜか、やぎまでいる。やぎ小屋に掲げられた看板には「Be a goat, not a sheep.（ひつじになるな、やぎになれ）」とある。どういう意味か。

ひつじは大衆迎合の象徴。一方やぎは納得できなかったり満たされなかったりすると信頼する飼い主にさえ角を向ける気骨をもつ。つまり、権力や社会に対する批判精神を忘れず、時代の趨勢に押し流されたり、根拠のないデマゴギーに翻弄されない知性を身につけろというメッセージなのである。

校風は、「自由」というより「のどか」。校則はなく、制服もない。夏にはTシャツ&短パンの軽装で授業を行う教員もいる。

文化祭では理科系の部活が展示を張り切り、小学生にはとても理解できるはずもない難しい説明をまくしたてる。でも、その様子が微笑ましくもあり、ファンが多い。体育祭は二日間にわたって行われる。初日はサッカーなどを行う球技大会。二日目がいわゆる運動会。どちらかといえばリクリエーション的な要素が強く、勝った負けたで男泣きという風景はほとんど見ない。

「本物に触れる教育」を標榜する。古典ではくずし字を読ませるし、漢文では白文をまるごと暗唱させる。理科は実験の機会が多い。しかも、泥臭い地道な実験をたくさんさせる。科学者としての感性を身につけさせたいからだ。宿題はドリルよりもレポート中心。

地学巡検、天文実習、山上学校、スキー教室、強歩大会など校外学習の機会も多い。以前は海浜学校も行われていたが施設の安全面での問題で、現在では行われていない。代わりに二〇一九年に始まったのが、群馬県みなかみ町での民泊だ。東京とはまるで違う環境で、見ず知らずの家族にお世話になる。

中三では第二外国語が必修だ。おそらく旧制七年制高校時代の名残だろう。ドイツ語、フランス語、中国語、韓国朝鮮語のなかから選択する。高一からは必修ではなくなるが、約七割が継続して「中級コース」を選択する。高二ではその約半分が「上級コース」へ進む。上級コースで特に努力が認められた生徒には、国外研修の名誉が与えられる。実際に、ドイツ・オーストリア、フランス、中国、韓国に赴き、約二カ月間学べるのだ。費用はすべて学校が負担する。一九八八年から続く制度である。

これだけ行事が充実しているのに、一九七八年を最後に修学旅行は実施されていない。団体旅行につきものの無責任な行動が目立ち、「集団のなかに個々の責任が埋没してしまうような学校行事はむしろ進んで廃止し、そこで失われる修学旅行の美点は別の形で追求すべきである」という考えで中止された。

修学旅行がないという消極的な事実が、付和雷同を良しとしない武蔵の美学を象徴していたのだが、最近、大きな変化があった。およそ二年間の議論を経て、二〇一八年には約三〇年ぶりとなる修学旅行が「自主研修旅行」という形で実施されたのだ。

武蔵の新時代を予感させるのはそれだけではない。二〇一九年春には大規模な校舎のリニューアルが完了した。同時に、新校長を迎えた。杉山剛士校長は、武蔵の卒業生でありながら、大学院卒業後は埼玉県の教員となり、埼玉県立浦和高等学校の校長も務めた経歴をもつ。定年退職後、母校に戻ってきた。「武蔵の強みを活かしつつ、高慢な気持ちを捨て、必要な進化を遂げ、武蔵のプレゼンスをさらに高めていきたい」と抱負を語ってくれた。

息子を溺愛する母でも子離れできる――ラ・サール（鹿児島県／私立）

日本では高校の名前として知られているが、ラ・サール会は世界八〇カ国に約一〇〇〇の学校をもっている国際的な教育団体だ。国際空港の名前にもなっているフランスの英雄シャルル・ド・ゴールやキューバのフィデル・カストロもその卒業生である。

現在は寮制の進学校の代名詞としてその名を轟かせているが、創立当初は進学校をつくろうとしたわけでもなければ、寮制だったわけでもない。日本にキリスト教を伝えたフランシスコ・ザビエルゆかりの地である鹿児島に学校をつくったところ、地元から優秀な教員と生徒たちが集まり、各界に人材を輩出するようになった。それが広く知れ渡り、遠方からの入学希望者が増え、それに応じるために学生寮が設置されたのだ。

中一から高二までは原則として寮ですごし、高三になると近隣で下宿するのが標準的な流れ。

寮生は、授業や部活だけではなく、生活のほとんどを男子だけの環境ですごすことになる。中学生のうちは一部屋八人の大部屋生活。高校生になると四畳ほどの個室に移る。起床は七時。中学生の消灯は二三時で高校生は二四時だ。寮での勉強は、自習室内に個別に与えられる専用の学習スペースで行う。中学生のうちは毎日三時間の「義務自習」という制度がある。もちろん外出も可能だが、チャンスは夕食の前後。携帯電話の所持は原則的に禁止されているので、一般的な中高生の生活に比べるとかなり厳しいように感じられる。

しかし、ホセ・デルコス校長（当時）は、「規則はありますが、口うるさい女子もいません。もちろん、口うるさい親もいません（笑）！　同年代の男の子同士ですごす精神的な自由は、本当に大きいのです」と言う。メキシコ出身で、鹿児島のラ・サールにやってきて二〇年以上になるというデルコス校長は、流暢な日本語に時折冗談を交えてくれる。

生徒たちがすぐに寮生活に慣れて自由を満喫する一方で、「親御さんたちは寂しい思いをしているかもしれない」とデルコス校長。中二にもなると実家に電話する回数も激減する。ゴールデンウィークなどの連休でも帰省を面倒に思う子も出てくるそうだ。

「だからどんなに息子のことを溺愛している母親でも、絶対に子離れをすることができます」とデルコス校長は笑う。多くの学校が「母子分離」を思春期の男子教育における最大の課題として挙げているが、ラ・サールにおいてその問題は存在しない。

しかし、谷口哲生副校長は寮生活をする別の効果も強調する。

「離れて暮らすからこそ、家族のありがたみを感じるようになりますし、特に母親への思いは強くなるように思います。たまにしか会うことができないからこそ、思春期にもかかわらず親子関係がすこぶる良好な家族が多いですね」

同校の教育の根本は「ファミリー・スピリット」だという。男ばかりで寮生活をしていればもちろん喧嘩もあるが、それも学びの機会。教員がときに親代わり兄代わりとなり、反抗期も受け止めている。卒業生が遊びに来ると、担任だった先生の家に宿泊することもよくあるという。

文字通り「同じ釜の飯を食った仲間」たちの結束は強い。生徒たちは卒業すると全国へ移り住み、就職するとさらに散らばるが、卒業一〇周年や二〇周年などの節目の年には、夏休み期間中に母校に集まり、元担任に授業をしてもらう伝統がある。毎年のように違う学年の卒業生がやってくるのだから、教員にとっては夏休みも休む暇がないという。

しかし六年もの間ほとんど女性と触れ合う機会がなくても大丈夫なのだろうか。素朴な疑問をぶつけると、谷口副校長はこう答えてくれた。

「何年か前に、センター試験で男女の心情を問う問題が出されました。そうしたら『まったくわからなかった』という生徒がいましたね。でも、大丈夫です。大学生になるとみんなちゃんとカノジョができるみたいです。ときどき学校に連れてきますよ」

取材を終えて校門を出ると、一人の男性に「シャッターを押してほしい」と声をかけられた。聞けばたまたま仕事で鹿児島に来たため母校に寄った卒業生だという。在校時代の思い出を聞くと笑いながら話してくれた。

「自由で楽しかったです。自分がいたころは、鹿児島にあるほかの高校はほとんど強制的に丸刈りでしたが、ラ・サール生は長髪でも良かったんですよ。そこにも自由を感じました。男だけだから、たくさんバカもしましたね。全裸になって胸に『裸猿』と書いて踊ったり。男子ってなんで裸になるのが好きなんでしょうね」

早稲田大学の附属校として探究力を培う――早稲田大学高等学院（東京都／私立）

一九二〇年の「大学令」によって、早稲田大学が日本初の私立大学の一つとして認められたのと同時に、大学予科（教養課程）として設置されたのが、早稲田大学高等学院のはじまり。そのため、生徒たちを学生のように扱う文化がいまでも残っている。

もともと大学キャンパス内にあったが、一九五六年に練馬区石神井に移転。二〇一〇年に中学部を開設した。「附属校」のなかでは唯一の男子校。例年ほぼ全員が早稲田大学に進学するが、「附属校・系属校」のなかでも、看板学部への内部進学者数は多い。

高二からゆるやかな文理分けをする。もちろん受験のためではない。大学で学ぶための準備的な意味合いがある。高二の「総合的な学習の時間」では、クラス横断のグループを形成し、自ら問いを立て、情報を集め、分析し、発表し、小論文にまとめる活動を行う。高三では「大学準備講座」および「自由選択科目」で大学での専門分野に近づく。また同じく高三では、ゼミ形式の指導を通して一万二〇〇〇字以上の卒業論文執筆に挑戦する。

「せっかく能力は高いのに、女子がいると遠慮してしまう男子というのが一定数いると思いますが、男子校ではそういう男子が積極的に物事に取り組んでいます。すばらしい取り組みの成果を、生徒自身がもっと対外的に発信する意欲を育んでいきたいと思っています」と穴田浩一教諭は言う。

第　4　章

大切なことは、
みんな男子校で教わった

男子校は自分の本当に好きなことに出会える場

——杉山知之さん（デジタルハリウッド大学学長・海城）

（略歴）一九五四年東京生まれ。海城高校卒業。日本大学理工学部建築学科、日本大学大学院理工学研究科卒業（工学博士）。八七年よりマサチューセッツ工科大学ＭＩＴメディア・ラボ客員研究員を経て、九四年、デジタルハリウッドを設立。二〇〇四年、日本初の株式会社立「デジタルハリウッド大学院」、翌年「デジタルハリウッド大学」を開学し、現在、同大学の学長。

ときどき母校で講演することもある。「有数の進学校にはなったけれど、雰囲気は昔と変わらない」と感じるという杉山氏。

中学校までは公立で、都立高校を受験したものの不合格となり、海城に進学した。

しかしそれが良かった。入学した当時は大学紛争の真っ只中。高校にもその影響がおよび、一部の高校が封鎖されることもあった。当時、「古くからある硬派な男子校」というイメージだった海城も変革の時期にあった。

「高二で学帽が廃止されました。バンカラで硬派なグループと、自分みたいなカルチャー系のグループが混在していました。教員のなかにも、鉄拳制裁系とリベラル系が混在していたんです。そのカラーがまるで違っていたので、二つの学校がいっしょになったみたいでした」

男子校という環境は初めてではあったが何の違和感もなかった。女子の目がないことで平気でものを言い合えた。

「『みんなで一つになろう。同じになろう』的な圧力はありませんでした。無理をせず、自分らしくいられましたね。もっといえば、自分のことしか考えていない男子たちの集団です。日本の教育の変革期でしたが、先生たちには『学校を良くしたい』という意欲がみなぎっていたのを感じました。熱心に指導してくれる先生が多く、分野を問わずいろいろな授業が面白かった。自分の教養の基礎ができましたね。学校を信頼できたし、安心できる場所だと感じていました。自由な雰囲気のなかで、まるで常識というものにとらわれない三年間をすごすことができました」

ラグビー部に入部するも一年で退部。その後は音楽にのめり込んだ。高二の文化祭では教室の真ん中に大きなスクリーンをつくり、バックプロジェクションで、自分が製作した複数の映像を同時上映し、音楽とミックスした。

「何でそんなものをつくろうと思ったのかは覚えていないのですが、いま思えばあれが初めてつくったマルチメディア作品でした。常識にとらわれない自由な環境のなかで、興味のあることにのめり込んでいった結果でした」

女子との交流について聞くと、「友達のつてで、女子校の友達はたくさんいました。結構デートもできましたね。友達とナンパの聖地・神津島に行ったこともありました。でも、音楽にのめり込みすぎていてあまりモテませんでした」と頭をかく。

そして真面目な顔で次のように続けた。

「これからの時代においては特に、これって男子校のメリットだと思います。女子と友だちになろうと思ったら、外に出ていかなければならないですよね。つまり、常にアウェイでの戦いをしなければならない。ホームの学校では男同士、汚い格好をしてくだらないことを話していても、外に出るときは襟を正して、相手に合わせたコミュニケーションをしなければならない。日本社会は成熟期を迎え、これからは外向きに仕事をしなければならないところまでできました。英語に代表されるように、アウェイで戦えるスキルを身につけなければいけない。いま思えば、男子校での経験が、僕に『アウェイでも戦える力の基礎』をつくってくれました」

外向きの意識をもたらしたのは女子との関わりだけではない。

「私学は千葉や埼玉など、広い範囲から通ってくる生徒がいます。そして、それぞれの地元の友達とも知り合うことができました。住んでいる地域が違うだけで、こうも文化が違うものかと思いましたね。特に、バンドをやっていたので、腕のいいメンバーを集めるために、学校に関係なくいろいろなひとと知り合いました」

現在、大学の学長として、高校を卒業した学生たちを見て感じることが二つあるという。

「一つ目は、よく『最近の若者はコミュニケーション能力がない』といわれますが、そんなことはないということ。仲間内でのコミュニケーションは非常に上手なんです。外向きのコミュニケーションが下手なだけなんです。そしてもう一つは、学校や教員を信頼したことがない学生が多いということです。下手をすると裏切る存在だと思い込んでいる学生が多いのです。もし男子校で外向きのコミュニケーションを身につけて、熱心な先生たちに囲まれていたらそうはならないのではないかと思います」

　そう指摘しながら、さらに続ける。

「『社会の縮図として学校には男女がいることが自然』という考え方自体が偏っていると思います。学校生活がすべてではありません。キャリア教育といって学校で仕事調べをする時間があるのなら、実際にバイトをすればいい。スポーツならクラブチームに参加してもいい。学校では教養を身につけて、受験対策は予備校で行うというスタイルもいいでしょう。学校があれもこれも抱え込もうとするからおかしくなるんですよ」

　中高生のうちにしておくべきことについて、大学の学長という立場からアドバイスをしてもらった。

「十分に遊んでおいてほしいですね。いろいろなことに興味をもち、高三の時点で楽しそうだなと思える学部や学科への進学を考えてほしい。大学名はあとからでいいでしょう。楽しいと思える領域でないと、大学で前向きに勉強ができない。それではもったいない。その意味で男子校は、余計な価値観に左右されずに、『自分の本当に好きなことを見つけやすい場』だと思います」

在校して得た財産は一生付き合える友だち

――本間正人さん（京都造形芸術大学副学長・筑波大学附属駒場〈旧・東京教育大学附属駒場〉）

（略歴）一九五九年東京生まれ。東京教育大学附属駒場高等学校を卒業し、東京大学文学部社会学科卒業。ミネソタ大学大学院修了（成人教育学Ph.D.）。成人教育学博士。NPO学習学協会代表理事、松下政経塾研究主担当、NHK教育テレビ『実践ビジネス英会話』の講師などを歴任。現在、京都造形芸術大学副学長。コーチングやポジティブ組織開発、褒め言葉に関する著書多数。

中学校がない共学の私立小学校に通っていたため、自ずと中学受験をすることになった。当時有名だった進学塾でのクラスは一番上。東大にいちばん近い学校として筑駒を選んだという。入学してみると、まわりは同じ進学塾の同じクラスだった友達ばかり。違和感もなく、感動もなく、塾の延長線上という気分で中高時代がスタートした。

「男子校はやはり、臭い、汚い。近くに都立駒場高校がありましたが、そこの女子生徒が華やかに見えました。でも、向こうはこちらのことなんて視野にも入ってなかったと思います。一部にはプレイボーイもいましたが、大半はモテないダサい集団でしたね。でも、歌舞伎や宝塚のように、同性だけのなかで育った文化もあります。男子だけですごすなかで生まれるものもあるのではないでしょうか」

本間氏は鉄道研究会に所属していた。ラグビー部や柔道部といった体育系とは別の、もう一つの男子校の顔だ。女子からからかわれることもなく、のびのびと鉄道研究に明け暮れることができた。中二のときには部活の仲間で六泊七日の北海道旅行に出かけた。観光名所を回ることはなく、ＳＬを撮影するのが目的だった。

中三で生徒会の書記を務めていたとき、中学校で制服の廃止運動が起こった。

「校則を読むと、『通学時は制服を着用』とありました。それは『校内では着なくていい』ということですし、『それでは校外で制服を着る意味は？』と、学校側と折衝を繰り返しました。そして、制服は廃止になったのです」

高校時代にはこんな思い出も。

「文化祭での発表のため、クラスのみんなで映画を撮りました。もちろん、いまのようなビデオカメラはありません。音声の入らない八ミリカメラを回してトーキー映画を製作しました。誰かがお茶の水女子大附属高校から女優も連れてきて（笑）。奥多摩にロケに行って危うく遭難しかけたこともありました。高三の文化祭では『お祭り広場』の元締めとなり、女装大会やのど自慢大会に出場しながら約八〇人のスタッフを仕切って、三日間で約一〇〇万円を売り上げました。これが人生初のマネジメント経験でした。みんなが嫌がることを率先してやることで、みんなを動かそうと考えました。当時は自分でそれを『雑役型リーダーシップ』と呼んでいましたが、いま思えば現在のリーダーシップ論にある『サーバントリーダーシップ』を実践していたことになります」

学業については、次のように話す。

「いわゆるガリ勉は少なかった。それでもこの学校で平均以上にいれば、東大に入れるだろうという安心感がありました。しかし、学校は受験指導らしいことは何もしてくれない。というより、教科書に載っているような『正式な勉強』はほとんど教えてくれませんでした。先生が自分の好きなことを話すのが授業でしたから（笑）。特に世界史では、『共同体の基礎理論』が半年で、『フランス革命』を半年。これで終わりでした。日本史は大政奉還から明治一四年までだけでほぼ一年間が終わってしまったのです。また、ホームルームは学級委員に丸投げで、修学旅行はホテルが決まっている以外は、すべて自由行動でした。『勉強は自分でするもの。教えてもらおうという甘い考えではダメ』ということが自然にすり込まれました」

本間氏の話を聞いていると次から次へと同級生や先輩、後輩の名前が出てくる。そして、それぞれの近況まで頭に入っているようなのだ。本間氏の記憶力の良さもあるのだろうが、それだけ卒業生同士の人間関係が密で、連絡をとり続けるネットワークがあるのだろう。

リーマンショックや震災のことから、人間ドックの結果の話まで、専門家の意見が知りたいと思ったら、同級生のメーリングリストに投稿するのだそうだ。すると、それを見た各界の専門家である同級生たちが、コメントを返してくれる。そんなやりとりが、いまでも続いているという。

男子校生活で得た一番の財産はと尋ねると、本間氏は即答した。

「一生付き合える友達ですね」

男の扱いには自信がある。でも女性と仕事をするのが苦手……かも

――杉本哲哉さん（元株式会社マクロミル社長・聖光学院）

（略歴）一九六七年神奈川生まれ。聖光学院高校卒業。早稲田大学社会科学部を卒業後、リクルートを経て、インターネットを活用したマーケティングリサーチ会社であるマクロミルを設立。創業わずか四年弱で東証マザーズ上場、さらに一年あまりで東証一部上場を果たした。現在は株式会社グライダーアソシエイツの代表を務める。

「工藤先生には高校三年間ずっと担任をしていただきました。先生に頼まれたら断れないですね」と苦笑いする杉本氏。聖光学院を取材した際に杉本氏の名前を出したところ、工藤誠一校長はすぐに携帯電話を取り出して電話をかけ、その場でインタビューの約束を取りつけてくれた。師弟の絆を垣間見た。

しかし実は、杉本氏自身は聖光学院のことをあまりよく知らず受験したという。

「神奈川県で学区制が厳密になり、両親から中学受験をするように勧められて、小五から塾に通いました。それで、両親が惚れ込んだ聖光学院を受けたのです。そのころの私立はほとんど男子校でした」

当時の聖光学院はかなり厳しい校風だったという。学校帰りに本屋に立ち寄るだけでも「立ち寄り許可証」の申請が必要だったし、部活などで正規のカバンに荷物が入りきらず自前のカバンを使うだけでも「異装許可証」を申請しなければならなかった。

「放課後に他校の女子とデートなんてあり得ませんでした。しかし、工藤先生が校長になって変わったと聞いています。生活指導もおおらかになり、芸術教育や体験学習にも力を入れているようですね。男子校を望んで入学したわけではありませんでしたが、男だけの空間に違和感はありませんでした。『男女七歳にして席を同じうせず』なんて言葉がありますが、男女がいっしょにいると教育がぶれることもあると思います。特に、教員にとっては男女別学のほうが何かとやりやすいのではないのでしょうか」

女子にモテるかとか、ファッションのこととか、異性のことをほとんど気にせず、勉強と部活に集中できる環境をもてるのではないかという。

杉本氏はバスケ部に所属していた。その傍らで、中二からは映画製作に夢中になった。

「友達といっしょにチームを結成して、私は脚本と監督を務めました。しかし大きな問題がありました。台本を書いていると必ず『ここは女性が必要』というシーンがあるのに、『女優がいない』のです。そこで隣の駅にある女子校へ行って女優募集のちらしを配っていたら、守衛さんに捕まりました」と当時を思い出しながら杉本氏は笑った。男子校生活で困ったことはそれくらいだったという。

しかし、男子校という環境が理想の教育空間かというと疑問もあるという。

「男子校では勉強ができるかできないか、スポーツが得意か得意じゃないかという二元論になりやすいですね。勉強ができるわけでもスポーツが得意なわけでもないけれど、女子に優しくてやたらとモテるみたいな男子が世の中にはいるけれど、そういうタイプが評価されにくい面はあると思います」

たしかに、異性との関わりのなかで魅力が引き出されるようなタイプの男子は、共学が向いているのかもしれない。さらに続けた。

「進んだ大学も女子が少ない学部でしたから、大人になって男女がいる社会に放り込まれたとき、『自分は女性と仕事をするのが苦手だ』と感じたこともありました。いつも男同士のストレートなやりとりばかりでしたので、女性に対してオブラートに包んだような優しい表現をすることが苦手です。いまも自分の秘書は男性ですし。ただ、男の扱いには自信があります。ぶん殴ってハグするみたいな（笑）。それで気持ちがビシッと通じれば、お互いに気持ちよく仕事ができます。それは中高時代に学んでいたのかもしれません」

企業人として、現在の日本の教育には強い不満があると漏らす杉本氏。

「社会に出て通用する人間力や生命力を育てるような教育をしてほしいですね。いろいろなことに興味をもつきっかけを提供する魅力あふれる教育です。母校にはそんな学校になってほしいですね」

母校は自分にとってのパワースポット
——北原照久さん（ブリキのおもちゃ博物館館長・本郷）

（略歴）一九四八年東京生まれ。本郷高校を卒業し、青山学院大学経済学部卒業。トーイズ代表取締役。ブリキのおもちゃコレクターの第一人者として世界的に知られている。一九八六年四月、横浜山手に「ブリキのおもちゃ博物館」を開館。テレビ東京『開運！なんでも鑑定団』に鑑定士として出演中。

四人きょうだいの末っ子。兄が二人、姉一人、みんな勉強ができた。やんちゃな照久少年は常に兄・姉と比較され、それがイヤだった。

「幼稚園のころから反抗期でしたね」と北原氏は振り返る。

小学校の成績は体育以外見事六年間オール1。答案用紙に名前だけを書いて出したこともあったという。兄・姉と比較されないようにと、越境入学した区立の中学校。「ここでやり直すぞ！」というやる気は、最初のホームルームで打ち砕かれた。担任から「君たちは、他のクラスの邪魔をしないでくれ」のひと言。問題のある子ばかりを集めたクラスに入れられるのはいい。しかし、「それを言っちゃおしまいだ」と思い、翌日からほとんど中学校には通わず、中三の二学期には退学になってしまう。

地元の中学に転校したものの高校進学はあきらめていた。しかし両親が本郷への進学を勧めてくれた。

「当時はいまみたいに難しくはありませんでしたから」

北原氏は笑う。

「入学時の成績は当然ビリでした。でも、一学期の定期試験で三択問題を適当に解いて提出したら、六〇点がとれたんです。担任の沢辺先生はそれをやたらと褒めてくれました。『すごいな、北原。やればできるじゃないか。同じ高校生なら、同じ人間なら、オマエだって、やればできる』と。その言葉が僕の人生を一八〇度変えました。『生まれて初めて勉強で褒められた。この先生は自分を認めてくれる。この先生にまた褒められたい』と思って猛勉強を始めました。中学校の勉強はそっくりそのまま抜けているので、高校の教科書を丸暗記しました。沢辺先生は何度でも褒めてくれて、クラスで一番に。それでさらに自信がついて、またやる気になりました。信じられないことに卒業するときには総代ですよ（笑）」

本当に人間やればできると思い、夢を抱けるようになった。本郷時代に北原氏が思い描いた夢は「加山雄三さんに会いたい」と「吉永小百合さんに会いたい」の二つ。そして、どちらも実現できた。北原さんの本当の人生は、本郷から始まったのだ。

「当時の本郷はバンカラでした。先生たちは厳しかったけど、優しかった。友達もたくさんできて、いまでも友情は続いています」と北原氏。

勉強にのめり込んでいたので、部活はほとんどしなかった。いまでこそ饒舌な印象があるが、当時は人前で話すなんて大の苦手だったという。

「近隣には女子校もあったから、そわそわしているやつもいたけど、僕は晩生だったから男子校時代は女性に興味がなかった。勉強やスポーツに熱中できたのは良かったですね」

それでも大学に入るとすぐにカノジョができた。それがいまの妻だ。

「本郷にはいい波動があります。あそこに行くとまた頑張るぞという気になれる。僕にとってはパワースポットのような場所ですね。中学校では感じたことのなかった温かみがあって、学校が親しみやすかった。先生たちは学校に骨を埋める覚悟でそこにいましたね。そして、先生たちが学校のことを大好きだということが伝わってきました。卒業して一〇年、二〇年経っても同じ先生がいてくれます。沢辺先生はもう引退されましたが、同じ思いが伝統として根づいています。それが私学の良さなのかもしれません」

北原さんはまっすぐな視線で言った。

「胸を張って言えます。『母校は本郷』」

第 5 章

男子校、
生かすも殺すも親次第!?

——社会学者・宮台真司さんインタビュー

宮台真司さん

一九五九年宮城県生まれ。麻布高校卒業。社会学者。映画批評家。首都大学東京教授。公共政策プラットフォーム研究評議員。東京大学大学院人文科学研究科博士課程修了。社会学博士。『社会という荒野を生きる。』（ＫＫベストセラーズ）、『日本の難点』（幻冬舎）など著書多数。

感情エリートを目指す卓越主義の学校

——宮台さんの男子校体験を教えてください。

宮台　麻布は、もともとは東洋英和の分校で、最初は芸能人の子弟とかが行くところでした。外交官の子弟とか、普通の〝エリート〟であるには、飽き足らないそういう親が、ある種の自意識を託して、子どもを送るところだったというふうにいえます。

——世間とはちょっと違うんだぞという自意識ですね。

宮台　僕は教養主義と卓越主義っていう言葉を使います。教養主義っていうのは、日本の場合には上昇志向と結び付いてます。それは中央志向や都会志向と結び付いています。それは麻布で育った僕からすると、浅ましくさもしい田舎者のゲームなんですね。教養主義っていうのは〝地位エリート〟を目指す動きなんですよ。

――地位エリート。

宮台　教養主義は〝地位エリート〟を目指すゲームで、卓越主義は〝感情エリート〟を目指すゲームなの。

――麻布は卓越主義と結びついた感情エリートを目指すひとたちが集まる学校だと。

宮台　そういうことですね。なので、上というよりも斜めなんですね。たとえば世間で丸山眞男が褒められていれば、吉本隆明を支持する。世間でロックがもてはやされていれば、アバンギャルドロックやプログレを指し示すと。プログレが世間のポピュラーになれば、今度は歌謡曲こそがすばらしいというふうに指し示す。何事についてもそうですね。かわいい子と付き合うのがすばらしいというのであれば……まあ、いいか。

――オレたち、もっといいもの知ってるぜ、みたいな。

宮台　一方で麻布は、僕が入ったころは既に、東大合格者数上位三位に入るエリート校で、僕の学年でも一一〇人近く東大に入っていました。地位エリートのゲームがすでに飽和状態なんですね。なので、「勉強できる／できない」「地位達成できる／できない」ではない、やっぱり別のゲームをするしかない。そこで独特のスクールカーストができるんです。単に勉強できるだけでは、ステージの最上層ではない。勉強と遊びが両方できる人間が、ステージの最上層です。

――そうなりますね。

宮台　さらには麻布では上位にいなくても早稲田や慶應なら大体楽勝で入れます。遊びしかできないっていってもある程度の基礎が約束されている前提があるので、遊びしかできない人間のほうが勉強しかできない人間よりも上なんです。両方できるやつ、遊びだけできるやつ、勉強だけできるやつ、両方できないやつって、こういうスクールカーストになっていたんですね。

――ガリ勉が疎まれる文化はありますよね。

宮台　そうすると結局、定期試験の前日に先輩が「おまえ、六本木行くぞ」とかって言うんですね。無理言うなよと思いながら、それに付き合わないとステータスがなくなるっていうのが、麻布のゲームですので、無理して付き合うわけです。その分、睡眠時間が短くなるのですが、何らかの方法を編み出さないと、ひとの半分の時間で、ひとをぶち抜くことはできないっていうことを学びます。それが麻布のゲームの過酷さの一端です。

――それが麻布生の矜持みたいな。

宮台 勉強ばっかりしていると遊ぶ時間や恋愛の時間が削られるので、子どもたちの創意工夫を増すためには勉強の時間を減らさなければいけないっていう議論がちまたにはあります。でもそれは麻布的なゲームから見ると、それはステージの低いやつらの話なんですね。一九九〇年代後半に僕は「ゆとり教育」の設計をお手伝いしていたのですが、もともとは経験値を上げることが目的で、カリキュラムの短縮という話ではなかったんです。

――宮台さんの時代は「詰め込み教育」の時代でしたね。

宮台 僕は駿台の公開模試の国語で何度か一番をとっていて、自信満々で当時の増進会すなわちZ会の「国語I科」といういちばん難しいのに挑戦したら、最初はめちゃくちゃだったんですね、成績が。赤ペンで「模試で一番でもZ会では駄目」って書かれてて。

――添削者も宮台さんのことを知ってたんですね。

宮台　そう。Z会の目標は志望校合格ごとき低レベルのものではないと。みんながやっている入試のゲームがいかに貧しいのかを実感させるためのものだと。そういうメッセージですね。「東大入るなんてことはみなさんにとっては簡単なはずだと。実際にものすごい成績上位のやつがI科をやってるので。つまりZ会も教養主義よりも卓越主義だったんです。

――Z会、すごいですね。

宮台　あるいは添削者が二回目に書いてきたのは、「君は多分修辞学の公式を使って、イコールとかノットイコールとか、具体から抽象へとか、暗喩と直喩と提喩とか、助走から離陸へとかっていう形式を習熟することで戦っているが、そういうふうにして解ける問題は、Z会のI科にはない」と。あるいは何回目かにはこうも書かれたんだな。「普通の入試問題ならたいてい出題文のなかに答えがある。Z会のI科の問題は、答えが出題文のなかにない。だから出題文をどんなに公式化、形式化しても、答えは得られない。自分の体験、あるいは、社会や世界については想像を、ベースにするしかないんだ」と。麻布には当時、Z会の成績優秀者がたくさんいたけど、当時の麻布的なものとも共振する流れですね。

――宮台さんが麻布にご入学されたのが。

宮台　一九七一年。まだ学園闘争がありましたね。一九七三年ごろ、中三まで学園闘争が続いたので、実際に授業を受けた時間は、正規の多分半分もあるかないかなんですね。中一のとき、文化祭で内ゲバ乱闘事件が起こって。

――中学校としては全国初のロックアウトですね。

宮台　それで半年ぐらい授業がなかったんですね。でも僕らの学年は麻布で、東大合格者が歴代二位。それは麻布の教員の間では、長く語られていましたね。教員の意図や親の意図の貫徹という意味での教育の成功は、教育の失敗であるという逆説ですよね。

――授業がなくて、どうしていたのですか？

宮台　先輩の影響でジャズ喫茶やアングラ芝居に行ったりとか。ロックからプログレ、さらに実験ロックへ行っちゃったりとか。あるいは空手部の同性愛的な関係のなかで、愛撫の仕方を教わったりとか。「女と手を握れば、まだ出発点なのにゴールまで手にしたのと同じ」とか言って（笑）。

――ええと、地位エリートのゲームが飽和状態だからって話でしたよね。

宮台　要するに麻布で負けようが世間では勝ちっていう確信のなかで余計なことをやっているやつが大半だったっていうことですね。数年前まで校長を務めていた氷上信廣先生からは、僕が中二か中三のころに、エーリヒ・フロムを含めてフランクフルト学派の本を読めと薦められたり、高橋和巳や埴谷雄高を薦められて「両者の違いをよく考えながら、読み進むんだ」っていうふうに言われたりとか。吉本隆明や廣松渉を薦められたりとか。

ほかのやつが付いてこられないことをやる

——教養主義を超えた卓越主義の文化がある学校だった。

宮台　でもいまはもうそうじゃないですね。一〇年以上前から麻布では親の世論が変わったんです。

——親が学校に求めるものが変わってきた？

宮台　麻布って受験勉強をさせないっていうか、受験教育しなかったわけですよね。ほぼ中三までで、大体高二、あるいは高三の分野までやってしまうので、そのあとは大学の教科書を使ってたり、受験と関係ないことを教員が好きなようにやっていた。国語の時間、自分が見た映画の話を、淀川長治ばりに、ほんとに高度な再現性をもって語り、それについて議論させるっていうようなことをやった先生もいた。

――生徒たちの間でも、「それがいい」みたいなところがありましたよね。

宮台 それが今世紀に入るころから、「何で受験勉強させないんだ。何で受験教育をしないんだ」ってとんまな親が増えてきて。どんどん普通の学校になりつつある。茶髪にするとか、日焼けサロンに通うとか、ナンパするとかは引き継がれているけれども、それは形だけで、魂は引き継がれていない。

――それは残念ですね。

宮台 過剰さを回避するようになっています。たとえばモテるっていうことは、合理的ですよね。いろんな享楽と近づけるっていう意味でね。合理性の枠の中でディレッタントふうの装いをしたり、デカダンス主義的な装いをしたりするっていうことはいまでもありますが。それってちょっと合理性の内側にありすぎるんですね。

――麻布生としてはそれだけではダメだと。

宮台 たしかに卓越主義的な感情エリートの競争ゲームも、もちろん麻布のなかではマウンティングを意味する。そこでは感情的卓越性の地位達成という合理性があるんだけど、とられる手段が合理性の内側にとどまらない、枠の外側に出るというゲームだったんですよ。それを僕らは「嫌なやつごっこ」って言ってました。

――嫌なやつごっこ。

宮台　ほかのやつが付いてこられないことをやると。だからたとえば、アニメについても、音楽についても、ほかの人間が絶対に付いてこられない知識、あるいは体験を蓄積する。女性についてもそうで、ほかの人間には絶対付いてこられない知識と体験を蓄積するっていうね。合理性の外側に出るという意味での過剰さをどれだけ引き受けるかということを通じた地位達成なんです。

――その麻布生の矜持がいまは引き継がれていないと。

宮台　そこで一つ思うことがあります。実は中学受験で麻布ではない共学校に行く可能性もあったんです。でも高校時代か大学時代に母親と話したときに、「結局、麻布に行って良かったよね」と。もし共学に行ってたら、規定された枠の中でしか競争しない。教養主義的な地位エリートのゲームの内側に留まらざるを得ない。それはその学校がそうなんじゃなくて、共学校だからそうなんだよって母親が言いました。女子って決まりが大好きだから、決まりを破ってると、めっちゃ後ろ指を指すわけじゃないですか。なのでたとえば麻布が共学化してしまったというだけで、もう麻布の伝統は壊滅しますよ。

――そうでしょうね。

宮台　過剰なやつは駄目なやつっていうことになるんで。ただ女子は、その後僕がナンパ師になったからわかるけど、個人の思いと集団になったときの振る舞いがずいぶん違う。個人的には過剰さを望んでいたりするんだけど、集団全体としては規則主義的になるというか、過剰なやつをたたく方向にいくんですよ。女子校のなかでもだんだんそういう過剰なやつをたたく営みがどんどん一般化してきちゃって、女子校が弱くなったなと思ったら、麻布含めて男子校も駄目になっちゃったというので。

――かつては過剰さがウリだった男子校・女子校で過剰さが受け入れられなくなってきた。

宮台　うんうん。女子校も男子校も駄目になった。男子校の場合には、親が駄目になったから、駄目になった。僕らのころには、学園紛争で学校と真正面から対立している中高生に対して、それを支持している教員が半分いて、さらにそちら側に立つ親が半分もいたっていうことが、やっぱりすごいことなんですね。いまなら絶対にあり得ない。そういう親がいなくなったんで、麻布はもう麻布ではなくなってしまったって。形だけ。ナンパ系だっていうことを除いてはまったく完全に形骸化しちゃったんですね。

――「髪の毛みんなカラフルにしてて自由でいいですよね」とかそういう部分だけ喜々として語られちゃうと、「あれっ?」っていう感じが私にもあって。

宮台　一九九五年に女子学院で援助交際について講演をしました。女子学院も地位エリートではなくて感情エリートを目指してるところが麻布と似ていて。ところが講演を終えて駅に向かって歩いたときに、女子学院の生徒がぴょこぴょこ付いてきて、「結局宮台さんってさ、麻布によくありがちな何ていうか、背伸びしてる男の子ですよね」って言われて、何かがっくりきたっていう（笑）。

――でも、宮台さんに対してそういうことを言うのも背伸びしてるって感じでかわいいじゃないですか。

宮台　かわいいですよね。「先生って結局、麻布によくいる悪い子ぶりっ子の背伸びをしている子と同じでしょ」って。

──麻布生は悪い子ぶりっ子って、それも当たってると思いますけどね。

宮台　そうなんだよ。女子学院がそういう校風なんで、多分すぐわかっちゃう（笑）。

過剰さが否定される社会では男子校の優位性が消える

──では、いまの時代性を踏まえたところで、男子校の存在意義ですとか、これからの男子校が男子校であり続けるための課題みたいなことは何でしょう。麻布に限らない話で。

宮台　それはとても難しい。何で難しいかというと、共学校の中では女子の視線がいつもブレーキとして働くという点で、逆に男子校だと過剰さを追求できることがメリットだったのですが、ただ、さっき言ったように親が変わってしまった。女子がいなくても親がブレーキをかけてしまうので、男子校の優位性はほとんどなくなっているんですよね。男子校の価値が再び高まるかどうかは親次第だと思います。親次第っていうのは二つの意味があって、どの男子校を選ぶのかということと、その男子校のなかでまだほそぼそと残ってるかもしれない過剰さへのゲームをどれだけ支援できるのかっていうことにかかっているのかな。

──いまは親が強いから、男子校だろうが共学校だろうが関係ないと。

宮台　それの裏側から言うと、僕、震災後二年半ぐらい恋愛性愛ワークショップをやって思ったことだけど、いま、ナンパ系は九割がクズなんですね。それは数を競う地位達成、あるいは数を競うというゲームに勝利するだけで自分はかつての自分とはもう違う自分なんだっていうふうに思いたい。そういう自意識のゲームのなかにいる連中が大半なんですね。それを考えると、じゃあそういう自意識系のやつがディスられるような、共学校のほうがいいという可能性もあるんですね。

――たしかに。

宮台　ただ共学校でも昔はあった恋愛って抑止されてますよね。恋愛性愛に関わる不安教育をするようになってますし。性感染症の不安、妊娠の不安、将来を棒に振る不安っていうのを植えつけるっていうね。経験を通じて女子の視線を内面化できる、つまり女子が感じてることを、直接に感じられるようになるっていうことは、たぶん共学校でもいまはないんですね。たぶんじゃなくて、絶対にないです。それは若い学生たちを見て思います。なのでもう、男子校選ぼうが共学校選ぼうが大差ない方向になりつつありますね。

――男子校にしても共学校にしても、それぞれの良さがなくなりつつあり、均一化している。

宮台 僕が麻布的な経験をひとに話すときにいちばん言いたいのは、やっぱり合理性の内側にいれば、人間はつまらないヘタレになるっていうことですよね。ノイズ耐性も減るし、計算不可能なものを怖がるようになるし。それと枠の中でしか行動できないから、たとえば旅行もつまらない旅行。留学などもつまらない留学。恋愛もつまらない恋愛しかできないようになるんですよね。旅行も留学も、恋愛も、これは羽目を外すチャンスなんですね。枠の外に出て過剰なゲームに身を投じるチャンス。だけども、そういう伝統って社会からほとんど消えたんですね。

――枠の外に出ることを過剰に恐れる社会のなかで、学校も萎縮している。

宮台 親がもう劣化している。大人がすでに地位達成に汲々とするような、ヘタレだらけになっちゃったんですよ。それを考えても、そもそも麻布的な伝統が続くはずなんて、もうないんですね。だから麻布が方針転換をしたのではない。麻布は方針転換にはずっとあらがってきて、結局多数決っていうか、民主主義に負けたんですね。民主主義だから劣化する。そうでしょ。もうぜんぶ民主主義だから、ヨーロッパもアメリカも日本も劣化してってる。

――でも麻布の創立者の江原素六は民主主義を目指してたわけですよね。

宮台　それは当時の民主主義はいまとは違っていて、それ自体が枠の外に出る運動だったから。いまの民主主義は枠の外をたたく運動だから、逆向きですよね。

――枠の外をたたく民主主義。

宮台　うん。僕よく言うんだけど、性愛の劣化、性的退却って、精力の減少ではなくて、もうすべての劣化に結び付いてるんですよね。僕の言葉だと、「法の奴隷」や「言葉の自動機械」になる動きと結び付いている。社会の全体の劣化を放置して、性的退却だけを手当てすることは絶対に無理ですね。

親が社会の荒野化にあらがえば男子校は復活する

――それが世界的に進んでいると宮台さんはおっしゃってますよね。

宮台　進んでいます。その理由は簡単なことですね。やっぱりシステムに依存するようになったからですね。分断されて孤立した状態でもＡｍａｚｏｎのｅコマースとインターネットがあれば実際に生き延びられるし、ＳＮＳとユーチューブがあれば孤独を感じないですむし。そうするとやっぱりノイジーなものを避けるでしょ。見たいものしか見ない。たこつぼ化が進むわけです。そうすると二つ重大なことが起こります。まず社会の全体が見えなくなる、あるいは全体という概念がなにかということさえわからなくなっていく。あとは、こちらのほうが重要だけれど、やっぱり「法の外」や「言葉の外」に対する感受性を失うんですね。それは対面ではないからっていうことが大きい。あるいは見たいものしか見ないっていうことが大きいですよね。そうすると当然「法の奴隷」と「言葉の自動機械」が増えるんですね。これは、インターネットをベースにしたマルチチャンネル化が必然的に引き起こす流れです。なので世界中で、対人的コミュニケーション能力の劣化が生じているし、「法の奴隷化」や「言葉の自動機械化」が進んでいる。パリの街路にも、「このミニスカートはあなたのために着ているんじゃありません」なんてポスターが貼られて、声がけ禁止になってしまいました。文化を無視した画一的な「#ＭｅＴｏｏ」運動に异を唱えたカトリーヌ・ドヌーヴもバッシングされましたよね。いま世界中で、男女の出会いのメインは出会い系なんですよ。パリでさえ。

――出会いまでシステム化してるんですね。

宮台　僕の記憶だと、一九九五年までの渋谷は目が合うんです。目が合うところからナンパが始まるわけですよね。

――一九九五年はやっぱりすごく象徴的な年としてよくいわれますよね。

宮台　一九九五年って世界的にインターネット元年なんですが、ほんとにその世界的な流れです。男子校が男子校であることに意味があった時代について、いま語っているわけですけれど、あるいはもっと言うと、おおたさんがこの本で描かなければいけないのは、かつて存在した男子校とか女子校とかのアドバンテージを取り戻すために、少なくとも親がどういう態度をとられなければいけないのかっていう困難だと思うんですよ。

――なるほど、そういうことですね。ありがとうございます。

宮台　僕は「社会という荒野を仲間と生きろ」っていう処方箋を定期的に出していて、そういうタイトルの本もあるんですが、これから社会はますます劣化していきます。どんどん荒野になって、ペンペン草も生えない荒れ野になります。そのなかでオアシスを保とうとすると、それはかなり強い意志や、仲間意識が必要なんですね。親が荒野化にあらがう意志をもつのであれば、男子校のアドバンテージが回復する可能性がある。

――親が男子校の本質を理解できるか。

宮台　親たちが肝心ですよ。希望としては、僕もいろんなところでお母さんたち向けの講演するんだけど、昔より明らかに話が通じやすくなってるんですね。

――そうですか。

宮台　「もしお母さんたちが、高校生女子だったとして、あなたのお子さんをカレシにしたいと思いますか?」って聞くんですね。そうすると一九九六年くらいの段階で、「無理です」「キモすぎます」って（笑）。「何でキモい男を育ててるんだよ、この野郎」っていう話なんですけど、それは母親に言わせると「まわりがそうなので、自分だけあらがう勇気がありません」みたいな。そういう言い方をする。でもいまはキモさの閾値を超えたんだと思うんですよ。

――キモさの閾値って……。

宮台　中高生って本来、枠の外に出て経験値を上げる時期なんです。でもいま勉強時間を減らしても、ゲームの時間が増えるんですよ。結局経験値は増やせない。それを見ていると、やっぱり劣化した親でさえ、自分の子がつまらないヘタレになっていくことへの危機感を募らせているのだと思います。

――潮目が変わってきたっていうことですね。

宮台　変わってきたってことだよね。システムのバックアップがないと生きられないからシステムにしがみつこうっていう、これがヘタレなんですね。このヘタレであることは必ず自覚されるので、駄目意識がある。地位エリートであっても駄目意識がある。現在のエリート官僚たちのくずぶりっていうのは、それで説明できるんですよ。

――ちょうど昨日映画の「新聞記者」を見ましたけど、見ながら「早くシステムの外に出ちゃえばいいのに」って思っちゃいました。

宮台　そのとおりです。でも、枠の外に出たことがない人間は免疫がないので。

――しかもそういうひとは、自分の子どももその枠の中で何とかいちばんいいレベルに乗っけようとするから、もうあらゆるものを犠牲にして、地位エリートのゲームに突っ込んでしまう。

宮台　劣化した親が、劣化の拡大再生産を行うんです。それがいま、日本で急速で進んでいることです。

第 6 章

海外で見直される
男女別学校の価値

イギリスでも成績上位の八割は男女別学校

学力上位層に男女別学校生が多いというのは、日本に限ったことではない。

イギリスでは、一六歳で義務教育の修了を意味する「ＧＣＳＥ」（General Certificates of Secondary Education）という全国統一試験を受ける制度がある。

成績は良いほうからＡプラス、Ａ〜Ｇ、Ｕとグレード分けされる。最上級に当たるＡプラスとＡを獲得した生徒数の割合が多い学校トップ一〇を見ると、実に九校が男女別学校であり、うち四校が男子校である。トップ五〇までのデータを見ると、男女別学校が約八割を占め、うち男子校は一五校。また、高校修了レベルの「ＡＳ／Ａ２レベル」の試験結果でも、トップ一〇校中九校が男女別学校で、うち男子校は三校だ（「Times Online」二〇〇九年一二月一日、二〇一〇年三月二四日のデータより）。

イギリスの高校全体に占める男女別学校の割合は、およそ六％だと推測される。日本と同様、数％の男女別学校生が学力上位層を占めている。

受験戦争が激しい韓国の事情

二〇〇九年、韓国で初めて高校別に「大学修学能力試験」の成績が公表された。大学修学能力試験とは日本の大学入試センター試験のようなものである。

韓国の大手紙『朝鮮日報』（二〇〇九年一一月八日付）によれば、人文系高校一二一七校の三科目（言語・数理・外国語）の点数を分析した結果、共学校に通う生徒の平均点は男女別学よりも一二点から一四点低かったという。男子校生徒の平均点は三〇五・三点、同じく女子校は平均三〇三・四点で、共学校の平均二九一・四点を大きく上回っている。人文系高校の上位一〇〇校には、共学校は三一校しか入っていないのだ。

韓国では、一般高校に占める共学校の割合は四三・九％（一九九九年）から五六・一％（二〇〇八年）へと上昇している。つまり、日本と同様に別学校が減っているのだ。だが、ここにきて共学化の流れへの反対意見が強まっている。

二〇〇九年四月一八日付『東亜日報』は、「目覚ましく発展を遂げた磁気共鳴画像（ＭＲＩ）による研究結果のため、男女の脳構造は先天的に異なることが相次いで明らかになっている。このように生物学的に異なる男女を同様の環境のなか、同様のやり方で教育を行うこと自体が、ナンセンスだという主張が説得力を得つつある」と報じている。

特に男子生徒の保護者から共学化反対の声が強いという。韓国の大学入試では高校の内申書が考慮されるのだが、共学校では総じて女子の成績が良く、男子生徒は内申で良い成績を得られない傾向があるという独特な事情があるためだ。

男子の成績は共学よりも良くなる

ＯＥＣＤ（経済協力開発機構）が行う「ＰＩＳＡ」（学習到達度調査）というものがある。二〇〇六年、ニュージーランドでは合計点の平均で女子が男子よりも三〇点高かった。その結果を受け、男女の成績を詳しく分析した研究結果がのちに発表された。

「男子生徒の成績は、共学校より男子校のほうが良好であることがニュージーランドの研究で明らかになった。オタゴ大学の研究所は、男子校と女子校、そして男女共学の学校に通う生徒や学生九〇〇人を対象に成績の比較調査を実施した。それによると、男女別学で中等教育を受けている生徒では、男子生徒の成績が女子生徒をわずかに上回った。一方、共学校で

図7 PISA調査における得点の男女差

	読解力		数学的リテラシー		科学的リテラシー	
	OECD平均	日本	OECD平均	日本	OECD平均	日本
2000年	▲32点	▲30点	11点	8点	0点	▲7点
2003年	▲34点	▲22点	11点	8点	6点	4点
2006年	▲38点	▲31点	11点	20点	2点	3点
2009年	▲39点	▲39点	12点	9点	0点	▲12点
2012年	▲38点	▲24点	11点	18点	1点	11点
2015年	▲27点	▲14点	8点	14点	4点	13点
6回の平均	▲34.67点	▲26.67点	10.67点	12.83点	2.17点	2.00点

※▲は女子が高く、それ以外は男子が高いことを示す。
※OECDのPISAデータベースサイトから作成。

は女子のほうが男子よりも良い成績を収める傾向が顕著で、この傾向が二五歳くらいまで続いた。研究をまとめたシェリー・ギブ氏は、『男女別学のほうが成績に男女差が生まれないという主張を裏付ける結果となった』と述べた。同研究は豪誌『オーストラリアン・ジャーナル・オブ・エデュケーション』に掲載された」（ロイター通信、二〇〇九年八月二五日付）。

韓国と同様にニュージーランドでも男女別学に注目が集まっているのだ。

また、二〇〇〇～二〇一五年のPISA調査のOECD平均では、合計点で約二二点、男子より女子のほうが得点が高いという結果が出ている（図7）。これらのデータを見る限りでは、「男子より女子が優秀」というのは世界共通の現象である。特に読解力に関してはすべての国と地域で女子が男子を上回っており、男女間の得点差は平均で約三五点にもなる。

PISA調査では、読解力、数学的リテラシー、科学的リテラシーの三分野での学習到達度が測定されているが、それぞれの能力は独立しているわけではなく、互いに関連し合っている。特に読解力は学力の要であり、そこにおいて、世界的に例外なく、明らかな男女の能力差があることは何を物語っているのだろうか。

「男の子はなぜ女の子より劣るのか」

二〇〇六年二月一五日付の『ニューズウィーク　日本版』に「男の子はなぜ女の子より劣るのか」という衝撃的なタイトルの記事が掲載された。同年一月に発売されたアメリカ版の「The Trouble With Boys（男の子たちの問題）」という記事の翻訳である。

「小学校で男子が学習障害とされる割合は女子の約二倍」「高校で学校が嫌いという男子は一九八〇年から二〇〇一年の間に七一％も増えている」「三〇年前、大学生に占める男子の割合は五八％だったにもかかわらず、現在は四四％になっている」など、学業において男子が苦戦しているというデータが示された。そして導かれた論旨は、一九七二年に連邦政府が学校における男女の機会均等を法的に定めて公立学校での男女別学を禁止して以降、男女の発達や志向、得意分野の違いを無視してまったく同じ条件で教育されたことに問題があるのではないか、むしろ女性向けの教育になってしまったのではないかというものだ。

同誌は「脳科学ですべてがわかるわけではない」としながらも、「中学校においては、男性の性的な成熟は女性に比べて約二年遅れている」「脳の厚さは女性が一一歳で最大になるのに比べ、男性は一八カ月遅れる」「五歳から一八歳の男女に情報処理能力のテストをすると、幼稚園では男女の差はないのに、思春期には女性のほうが『速くて正確』という差が生じ、一八歳には再び男女の差がなくなる」など、男女の発達上の違いを科学的に指摘している。

そして一つの解決案として、主要教科で男女別学のシステムを導入したコロラド州プエブロのロンカリ中学校の例を紹介している。「恥ずかしがり屋な男子が授業に前向きに参加するようになった」「数学、英語、科学の成績で女子クラスがトップになり、続いて男子クラスが共学クラスより上になった」という成果の兆候があり、別学が男女両方にとってメリットがあるとの見解を示している。
この問題は「ボーイズクライシス」(男の子たちの危機)などといわれ、その後世界中で盛んに議論されるようになる。

男女別学の公立校が増えたアメリカ

二〇〇二年、それまで共学を原則としていたアメリカ国内で風向きが変わった。NCLB法(No Child Left Behind、落ちこぼれの子をつくらないための初等中等教育法)が制定された。そして、広がる一方の男女間学力格差への対策として、公立校でも男女別学化を検討する動きが強まり、二〇〇六年一〇月、法改正を経てついに公立校でも共学か別学かを選択できるようになった。

NASSPE(National Association For Single Sex Public Education、著者訳:男女別学公教育協会)のホームページには以下のような記述がある。

「二〇〇二年時点で、アメリカには男女別学クラスのある公立学校は十数校しかなかったが、二〇一一~二〇一二年においては、少なくとも五〇六の公立学校が男女別学の機会を設けている。そのうち三九〇校は男女別学のクラス編成にしている共学校である。また一〇六校は実質的に男女別学校である」

戦後、日本に共学化を強く求めたアメリカで、男女別学の公立校が増えているのが現状なのだ。

これは二〇〇九年一月放送の「ＮＨＫスペシャル『女と男』」でも報道された。同番組では、「男女には、能力の差はないが性差はある」というスタンスで、それを活かした教育事例としてフロリダ州にあるウッドワードアベニュー小学校を紹介している。

この小学校では、生徒自らが共学か別学かを選択することができる。共学クラスでは一般的な小学校で見るのと変わらない授業が行われている。男子クラスでは、たとえば読書の時間には、好きな姿勢で本を読んでよいことになっている。落ち着きのない男の子たちにとっては、そうしたほうが集中力は途切れにくいのだという。また男子クラスの先生は命令口調の大声で話し、生徒同士を競争させるような働きかけが多い。一方、女子クラスでは、協力して学ぶというシチュエーションをつくり出している。生徒同士で協力することで学習効果を高める狙いがあるが、男子が入った場合にはすぐに喧嘩になってしまうという。共学校では実現不可能な教育が、男女別学では可能だというのだ。

共学では「発達障害」でも別学では「優秀者」

NASSPEには、アメリカのみならず世界各国から、男女別学のメリットを示すデータが数多く寄せられている。以下、そのなかのいくつかを紹介する。

まずは前出のウッドワードアベニュー小学校の事例。

「フロリダのステットソン大学の研究チームは、公立のウッドワードアベニュー小学校で四年生を男女共学クラスと別学クラスに分ける試験的な研究を三年間行った。FCAT(Florida Comprehensive Assessment Test フロリダ理解力測定テスト)で、各クラスの成績優秀者の割合は、共学クラスの男子が三七%で女子が五九%、男子クラスは八六%、女子クラスは七五%となった」

もともと同じような成績を収めていた生徒を共学と別学のクラスに分け、同じカリキュラムで教育した結果である。しかも、この小学校は学習障害やADHD(注意欠陥・多動性障害)をもつ生徒も他の生徒と同様に受け入れることで知られており、男子クラスで優秀な成績を収めた生徒のなかには、共学クラスで軽度発達障害と思われていた生徒たちが多くいたという驚くべき結果も報告されている。

当時の校長のアン・ロッドキー氏は「特に男子クラスで生活指導の問題が減った。女子がいなくなったことで、男子クラスの教師が男子のエネルギーや振る舞いに対して寛大でいられるようになったからではないか」（『エデュケーショナル・ホライゾン』誌、二〇〇九年夏号）とコメントしている。

男子クラスでは成績優秀者になる力をもつ子が、共学クラスでは発達障害とされていたという事実には、多くの示唆があるのではないだろうか。

理想的な学校とは？

二〇〇五年、イギリスのケンブリッジ大学は教育における性差に関する四年間の研究結果を発表した。

研究チームは何百にもおよぶ学校を調査し、男女の学力差を埋めつつ、男女それぞれの学力向上を成し遂げるための戦略を模索した。この研究では、単に観察をしてレポートをまとめるだけではなく、成功事例がある学校の戦略を、あまり成功していない学校に導入するという指導まで行っている。そしてその戦略の一つに、男女別学化があったのだ。男女別学化することにより、男子生徒は英語と外国語で、女子生徒は数学と科学で、それぞれ顕著な効果が見られた。

また教育者のグラハム・エイブル氏は、イギリスの三〇の共学校および別学校を調査し、「学力面においては、女子よりも男子のほうに男女別学の利点が大きい」と発表している。

二〇〇二年には、イギリスの国立教育調査財団（The National Foundation for Educational Research）が、計二九五四の高校を調査した結果を発表している。

1　学力差などもともとの背景要素をなくしたとしても、明らかに共学よりも別学の学校のほうが男女ともに成績が良い。

女子生徒は、どの学力レベルにおいても共学より別学の学校の生徒のほうが学力が高い。ただし、男子生徒は低学力層においてのみ同様の差が見られた。

2　女子校の生徒は、高等数学や物理などの「一般的に女性的でない」とされる教科を選択する確率が高い。

研究者たちは「女子校では『英語や外国語は女性らしい教科であり、物理やコンピュータ科学などは男性らしい教科である』というような固定概念にとらわれにくい」と結論づけている。ただし、男子校の生徒は家庭科のような教科を選択しやすいということはなかった。世界的に見ても男女機会均等という主旨のもとに共学化は進んだが、それが逆に「男性らしい」「女性らしい」教科選択の性的な固定概念を強化しているとしたらあまりに皮肉である。

3　一学年一八〇人前後のサイズの学校が最も効率が良い。それよりも小さいと特にハイレベルなコース選択の幅が狭まるリスクが高くなり、それよりも大きいと成績は悪くなる傾向があった。

以上のことから、生徒の学力を最大限に伸ばすため、「公立の学校は、一学年一八〇人前後で構成し、男女別学にすべきだ」とまとめている。

ACER（The Australian Council for Educational Research　オーストラリア教育研究審議会）が六年間にわたり、計二七万人の生徒に行った調査では、男女別学で学んだ生徒のほうが一五～二二%も成績が良く、しかも生活素行も良く、学習を楽しいと感じたり、学校のカリキュラムを価値あるものと認識する割合が高いと報告されている。そして、「一二歳から一六歳の年齢帯においては、認知的、社会的、発達的な成長度合いの男女差が大きく、共学の学習環境には限界がある」と結論づけている。

そのほか、同じ学校でのビフォー（共学）・アフター（別学）を比較して、成績向上が見られたとする報告も、NASSPEのホームページで多数紹介されている。

男の子のために手を打たなければならない

ここまで男女共学と別学の研究結果や別学化による成功事例を紹介してきたが、これらの事例を見るうえで忘れてはならないことがある。

男女別学では、ただ単に男女の生徒を別の教室に押し込んでいるというわけではないということだ。成功事例において、担当教師の多くは男女それぞれに有効な教授法の専門のトレーニングを受けている。つまり、男女それぞれに有効な教授法というものが確立されているのだ。心理学者マイケル・グリアン氏が一九九六年に創設したグリアン協会（the Gurian Institute）では、これまでに四万人以上の教師の研修を行っており、そのなかには男女別学で教えるための専門プログラムもある。

先に紹介したＮＡＳＳＰＥの代表であり小児科医のレナード・サックス氏は、男女それぞれに対する関わり方でいちばん異なるポイントとして、「女子は励まして自信をもたせてあげる。男子は現実を見せて自分が思っているほどに自分が賢くないことを自覚させ、もっと上手にできるようにけしかけることだ」と指摘している。

また、サックス氏は男女の脳の構造や機能の違いから、男女それぞれに応じた教え方があることを訴えている。彼の主張によれば、そもそも男性と女性ではものの見え方も聞こえ方も違うというのだ。

男女の脳の違いに起因する好みや行動、得意不得意についてはサックス氏の著書『男の子の脳、女の子の脳』（草思社）や『共感する女脳、システム化する男脳』（サイモン・バロン＝コーエン著、ＮＨＫ出版）などに詳しい。

ただし、サックス氏らの説に異を唱える研究者も少なくない。脳科学者で『女の子脳　男の子脳』（ＮＨＫ出版）の著者リーズ・エリオット氏はその一人である。

彼女は「残念ながら、サックスは男女別学校の実際のデータとして、彼が主張する男の子と女の子の神経学上の違いと同様、都合のよいものしか取り上げておらず、男性と女性、もしくは共学と男女別学が本質的に変わらないことを裏付けるすべての証拠を公平に評価する努力に欠けている」と批判する。

だが、エリオット氏も性差はあると認めており、その主な対立点は「性差が先天的な脳の構造の違いに起因しているかどうか」だ。

学業成績の面で男女別学が優れていることを決定的に示す証拠は存在しないとしてむやみに男女別学化を推進しない立場をとってはいるものの、「いますぐ、男の子のために手を打たなくてはならないのは明らか」「学校は男の子にとって以前よりすごしにくい場所になっている。教師や親は男子特有の長所短所を知り、有効とされる教授法を踏まえたうえで指導すべき」という大枠においては、サックス氏らの意見と一致している。

「らしさ」にとらわれにくい

学力面だけでなく、人格の形成面においても男女別学のメリットがあることを示す研究がある。

ミシガン大学は一九八六年にカトリックの男女別学高校と共学高校の卒業生を対象に調査

を実施した。すると、別学の男子生徒は共学の男子生徒よりも読解や記述、数学において優秀な成績を収めた。女子生徒の場合は科学と読解で、別学出身者が共学出身者よりも良い成績を収めた。これらの結果から、研究チームは「別学出身の女性は『できること、できないこと』という固定概念にとらわれることが少ない」という結論を導いている。

バージニア大学は二〇〇三年、「男子校では教科に対するジェンダー意識を乗り越えやすい」という主旨の研究結果を発表している。

また、あるイギリスの研究者が一三歳から一四歳の生徒の好きな教科を調べた研究では、共学よりも別学の生徒のほうが「男子らしい」「女子らしい」という教科に対する固定概念がなく、男子でも演劇や語学が好きだったり、女子でも数学や科学が好きだったりする確率が高いという結果が出ている。

これらの研究は、男女が別学で学ぶことで、学習意欲自体が高まるとともに、社会的に固定化された男性らしさ女性らしさを乗り越えやすいということを示唆している。

一九九〇年の「ウエストビュー・プレス」紙には男女共学校と別学校の両方で教えた経験のある教員のブライアン・ウォルシュ氏の談として次のようなコメントが掲載されている。

「男子は、共学校では歌おうともしないが、男子校では合唱は好まれる。また共学校ではフランス語の発音を笑いものにしたりするが、男子校ではフランス語を流暢に話すことを楽しむ。共学校の演劇では恥ずかしがってふざけてばかりだが、男子校では優れた演技をする」

学習意欲や自信を高めやすい

二〇〇九年夏号の『エデュケーショナル・ホライゾン』誌に「男女別学クラスの成功」という記事が掲載されている。書き出しはこうだ。

「男女別学校の教育者たちはすでに知っている。男女平等はゴールである。ただし、目的地への道は一つではない」

そして数多くの男女別学による成功事例が詳細に記されている。

たとえば、ノースカロライナ州のアシュビルにあるカロライナ・デイ・スクールは、二〇〇四年に六年制と七年制の主要科目を男女別学化した。四年後に同校は主な成果として次のような点を挙げている。

- 師弟関係が強化される

- 生徒間の信頼と仲間意識が促進される
- 教師がより強く生徒や教師同士と結ばれていると感じられる
- 男女の学習法が違うことを深く理解し、それらの違いを支える指導を行うことに注力できる
- 生徒の社会的および感情的な重圧に、より直接的に働きかけることができる
- より多く教え、深く学ぶ経験を授業中の指導のなかで提供できる
- 教師たちに活力があふれ、創造的にアイディアを発想し、思慮深く実践するようになる

前述したミシガン大学の調査では、「別学では学力向上が望めるだけでなく、学習意欲や自分の能力に対する自信、学問への前向きな姿勢が共学よりも高まりやすい」ことも報告されており、後に同チームは「別学出身者は男女ともにいわゆる一流大学に行く割合が高く、大学院や専門学校など、より高度な教育機関に進もうと努力する割合も高い」とも付け加えている。

学業成績の面で男女別学が優れていることを決定的に示す証拠は存在しないと主張する前出のリーズ・エリオット氏も「男女別学を勧める人たちが、男の子と女の子の意欲や対人関

係の違いを根拠にしているならば、そちらのほうが根拠としては確かだろう。とくに、男女が発達期に互いに距離を置き、保護される時期を作ることはよいかもしれないという考えには説得力がある」と述べている。

第　7　章

ジェンダー問題か、学びの多様性か

世界的名門イートン校が男子校である理由

多くの男子校がその伝統を礎にしつつ、時代に即した新しい男子像を描きながら、男子に適した教育を模索していることを紹介してきた。

改めて男子校の機能を整理すると以下のような点となる。

- 男子だけでのびのびできる
- 自分探しに集中できる
- オタク系男子にも居場所がある
- 徹底的にバカができる
- 教師とストレートなコミュニケーションがしやすい
- 男子の発達段階に応じた刺激がある
- 思春期の男子を抱える親のためのサポートがある
- 異性について、自分の性について、自由な議論ができるこれは、長年男子に特化した教育を行った末にたどり着いたスタイルである。結果として、輝かしい進学実績を誇る学校が多く、本書に紹介した学校を当たるだけでも、社会の第一線で活躍する卒業生は枚挙にいとまがない。

本書の締めくくりとして、いよいよ「なぜ男子校の進学実績は高いのか」「男子校はこのままなくなってもいいのか」というテーマについて総括したい。

「なぜ男子校の進学実績は高いのか」については、歴史的必然性と教授法の二つの観点から説明すべきであろう。

歴史的必然性の観点からの説明とはつまり、戦前から男子進学校として高い進学実績をたたき出し人気を集めていた学校がそのまま人気を保ち、男子校であり続けているケースが多いということ。一四四〇年からの歴史を誇る、イギリスの名門イートン校がいまだに男子校であるのと同じ構造だ。

最難関大学合格者ランキング上位には戦後にできた男子校もあるが、そのほとんどは戦後一〇数年のうちにできている。つまり、親世代がまだ「男子校が当たり前」という戦前の常識を引きずっているところにできた学校だ。

さらに、私学が多い東京都において一九六〇年代後半、教育行政の失策によって都立高校が名実ともに凋落し優秀な生徒が大量に私立中高一貫校に流れたことが、特に東大合格実績において「私学優位」の印象を世の中に与え、結果として男子校をそのままの形で存続させたのである。

敵失という要因はあったものの、要するに、もともと「いい学校」とされていた学校が、歴史的な必然からもともと男子校であったという身も蓋もない話である。ちなみに戦前、女子は原則的に大学には進学できなかった。

しかし長い歴史のなかで、男子校における授業の進め方や行事の設定、コミュニケーションパターンは自ずと男子のみの集団に最適化されたものとして進化した。それが結果的に、昨今のさまざまな知見から得られた男女の学習パターンやモチベーション、集団としてのふるまいの違いに合致するのだ。

ただ単に歴史的な惰性によって男子校がその地位を維持しているのではなく、自然発生的に確立した教授法が、実際に男子の学力向上、モチベーションアップ、人格形成に効いているのである。これが教授法の観点からの説明だ。

ジェンダー・ギャップから男子を守る

しかし一方で、「これからは男女共同参画の時代、男子校というしくみは時代にそぐわない」という批判がある。では「男子校はこのままなくなってもいいのか」。

だが、男女別学校のほうがむしろ既存のジェンダー・バイアスを乗り越えやすいという調査報告が多いことは、前章で触れたとおり。共学校の教室は良くも悪くも社会の縮図になりやすく、既存の価値観が再生産されやすいからだ。

これに対して、「男性が優位な社会では、女性の地位を向上する手段の一つとして女子校は必要だが、男子校は不必要である」という意見もある。社会全体のジェンダー的なバランスの観点からすればたしかに合理的だ。

しかしちょっと待ってほしい。鉄道オタクや生き物オタクなど、共学校ではいわゆるスクールカーストの底辺に置かれてしまう男子たちの自尊心は守られなくていいのだろうか。家庭科が好きだったり、合唱が好きだったりという男子も確実にいる。現在の共学校のなかで、現実問題として彼らがのびのびと自分を表現することはできるのだろうか。特に思春期においては肉体的にも精神的にも一〜二年成熟が早い女子に囲まれて、一部の男子が萎縮してしまうのはしょうがないと言ってしまっていいのだろうか。

　これまで見てきたように、共学校という環境において、男の子が自分らしさを十分に発揮できていない可能性が、国の内外を問わず指摘されているのである。

　また、ジェンダー・ギャップは男女の社会的な立場の差を表すが、それが女性だけでなく、男性を苦しめている場合もある。「男なんだから一家の大黒柱であるべきだ」「社会的に活躍できない男性はかっこわるい」というような価値観が、男性の側だけでなく女性の側にもある。そのような圧力から逃れるため、男子があえて性差のない環境を選ぶことは否定されるべきなのだろうか。

「これからは男女共同参画の時代、男子校というしくみは時代にそぐわない」という批判はあくまでもジェンダー問題の観点からしか男子校を見ていないし、「男性が優位な社会では、男子校は不必要である」という理屈は個人としての男の子の進路選択の多様性を否定している。

男子校の存在意義を巡る議論で賛否の意見が対立する場合、実は双方の前提がそもそも違っていることが多い。かたやジェンダーの視点から見ており、かたや個別の子どもにとっての学びの環境の最適化という視点から観ているのである。それでは議論がかみ合わないのは当然だ。

すべてを学校でやるべきか？

ジェンダー・ギャップの解消という社会全体としての理想の実現のために個別の学びの最適化が犠牲にされてはならないし、学びの個別性を尊重するために男女共同参画社会への実践的アプローチの機会が損なわれてはいけない。

そのためには、ふだん男女別学校の教室で異性の目を気にしない生活を謳歌している子どもたちは、ときどきあえて異性と何らかのプロジェクトに取り組む機会を経験する必要がある。男女共同参画社会において重要なのは色恋のテクニックを磨くことではなく、何らかの課題に対して男女の垣根を越えてそれぞれの特性を提供しながら取り組むことである。また、同世代の異性が将来についてどんな期待や不安を抱いているのかを知る機会もあればなお良い。

逆に共学校で四六時中異性とともに生活している子どもたちは、旧来的な「男らしさ」や「女らしさ」に無意識的にとらわれていないかを常に自覚する必要があるし、性差を無視した画一的な教授法のために余計な苦労を課されていないか、男女別学校よりもさらに細かく個別に気を配られるべきである。

第六章で前出の神経科学者リーズ・エリオット氏は「男女別学校を成功させるには、男女平等という目標と、男女は違うという前提を上手に調和させる必要がある。同じように、共学校でも、男女に変わりはないという建前を取り払い、性差が、子どもたち一人ひとりが必要とするものの土台になっていると認める必要がある」と訴える。

そのうえで、実社会におけるジェンダー・ギャップの解消に対しては、男子校でも共学校でも、人権教育とキャリア教育の両面から意識的に取り組むべきである。男女をいっしょにしておけばいつの間にか克服できてしまうような問題ではないことはこれまでの社会を見れば明らかだからだ。

ただし、男子校と共学校では、その立て付けがやはり少なからず変わるであろう。それぞれの環境を最大限に活かした教育をすればいい。異性がいないとできないとか、異性がいるとできないとか、そういうことはないはずだ。

つまり、男子校・女子校・共学校のいずれであってもジェンダー・ギャップの解消につながる教育はできるし、個別の学びの最適化も実現できるはず。男女別学校の立場からアプローチするのか、共学校の立場からアプローチするのかという違いでしかない。

男女別学校であっても共学校であっても同じ教育成果が得られるというのであれば、男女別学校はなくてもいいという結論にもなるし、あってもいいという結論にもなる。判断の基準は、「平等の観点から、性別によって入れない学校があるのはおかしい」というロジックを採用するか、「男子校・女子校・共学校のなかから自分に合った環境を選べることが本当の平等だ」というロジックを採用するかである。ただし、後者のロジックを採用するのならその前に、そもそも「同性だけで学びたい」という希望が権利として認められるかどうかという問題についても検討が必要になるだろう。

さらに突き詰めると、この議論は「学校にどこまでの機能を求めるのか」という話に行き着く。

昨今、礼儀や生活習慣など、かつては家庭のなかで行われていたしつけまでを学校に期待する声が多いと聞く。働くことの意味やお金のしくみについて学ぶ機会も学校が用意しているようだが、それもかつては家庭で教えてきたことだろう。道徳やマナーなどについては地域社会が担っていた部分が大きかったはずだ。

男女別学についての議論をするうえで必ず机上に上がる男女間のコミュニケーションについても、旧来は大家族や地域社会の中で育まれてきたことではないかと思う。

核家族化や地域社会の消滅によって担い手のいなくなった分野の教育を、片っ端から学校が引き受けるべきなのだろうか。それとも学校以外の新たな機能を設けるべきなのか。これからの社会全体のデザインに関わる問題だ。

「学校に男女がいるほうがいいのか、別々のほうがいいのか」という近視眼的視点ではなく、もっと高い視点からこの問題を俯瞰し、社会全体で議論していく必要があるだろう。

しかし現実的には、現時点の日本の教育システムにおいて、男女別学校と共学校で同じ教育成果を得ることは難しい。だとするならば、「これからは多様性の時代。男子だけの集団で学ぶことは時代に即さない」という一面的な論理を盾に男子校の存在を一律に否定するような風潮は「教育の多様性を損なう可能性が高い」という矛盾を指摘しておきたい。

「伝統」という名の「惰性」かもしれないが

以上のことを、甲陽の杉山恭史教諭が同校のおいたちとあゆみを例にして、非常にエレガントにまとめてくれた。「我が意を得たり」の思いで引用する。

「女子教育」という発想が時代錯誤的であるように、「男子教育」という発想はまったくもちあわせておりません。ですから「男子校の存在意義」を問われても明確な答えはありません。

本校は一九一七年（大正六年）創立で、一昨年創立一〇〇周年を迎えました。「自由と規律」を旨とする英国のパブリックスクールを一つの理想として、当然のように男子のみの学校として設立され、戦後の学制改革においてもそれを変更せずに現在に至っています。男女共学にすべきかどうかという議論も、おそらく正式には一度もなされていないと思います。

「伝統」という名の「惰性」かもしれませんが、一定の歴史をもつ学校は明確なスクール・アイデンティティをもっていて、その一要素が「男子校」「女子校」なのだろうと思います。「麻布」「開成」が男子校、「桜蔭」「雙葉」が女子校であるということが、学校としての重要な個性であることと同じです。

男子のみ約二〇〇名という規模に一定の合理性があったことも事実だろうと思います。首都圏はもう少し規模の大きい学校が多いですが、近畿圏では灘さんも東大寺さんもほぼ同じ規模で経営されています。

男子校であれ女子校であれ、長い歴史のなかで培われたノウハウがありますから、男女別であるほうが教師も生徒も「やりやすい」ということは事実としてあるだろうと思います。

背景には、学力・性別・保護者の経済力などがある程度均質であるほうが教えやすいという教師サイドの論理と、クラスメイトが同性だけであるほうが異性を気にせずのびのびとすごせるという生徒サイドの論理の両面があります。

さらに卒業後のネットワークが緊密で互恵的であることが学校の個性を際立たせ、維持する面もあります。

ただ均質的な集団であるということは、多様性に欠けるということでもあります。民族性、言語、宗教、性自認、性的指向などについて、多様性を理解し、むしろそれを楽しむような感性を育んでいかなければならないと感じています。

また安易な性役割分担論に対抗し、家事労働や育児労働に主体的・積極的に関わることのできる男性を育てていく責任も痛感しています。

また、麻布の村本ひろみ教諭は、男子校に勤める女性の立場から次のように述べる。

男子校の存在意義ですが、今日では正直なところないと考えています。とはいえ、麻布に関していえば一二〇年以上、その他の学校も一〇〇年ほどの「男子校歴」があるので、ある種の「文化」になっていると思います。卒業生をはじめとする大勢の想いが凝縮していると思いますので、急に否定すると、逆に大きな歪みや混乱を生んでしまうとも感じています。

私個人は、男子校が良いのか、麻布という学校が良いのか、その区別はついていないのですが、この学校が好きであることは間違いありません。だからこそ、学校も私自身も変化することが必要だと思っています。

たとえば、女性教員の割合を増やすことも男子校では大切なことだと思っています。統計をとったことはありませんが、女子校の男性教員率よりも、男子校の女性教員率は低いのではないでしょうか。そういうところから意識が変わればいいと思います。

また、総合学習などの場を利用して、女子と学ぶ機会を増やすことも大事でしょう。ともに働き、学ぶパートナーとしての女性を意識できるようにしていきたいですね。

いずれの教員のコメントからも、男子校の置かれた立ち位置の微妙さを直視し、そのなかで自分たちが果たすべき役割を模索していることが伝わってくる。その真摯な姿勢には感動すら覚える。

湯気の中の男子校

男子校・女子校・共学校の問題に限らず、これまで「教育」をテーマにさまざまな取材をしてきた経験から一つ確実にいえることがある。「これが正しい」という迷いのない教育がもっとも危険だということだ。目の前の子どもを中心に考えるのではなく、方法論や形式や枠組みに子どもを当てはめようとするようになるからだ。

教育とは、常に迷いながら、矛盾を抱えながら、模索しながら行うべき営みだ。そもそも男女別学か共学かという議論も、おそらく一律に答えが出せる問題ではない。一律に答えを出すのではなく、男子校は男子校として、女子校は女子校として、共学校は共学校としての現実を踏まえ、目の前の子どもたちに焦点を当て、それぞれの立場で「本当にいまのままでいいのだろうか」と自問自答をくり返し、お互いに学びながら少しずつ進化するのが理想だと私は思う。

もしあなたが息子をもつ親ならば、「男子だから男子校」とか「異性コミュニケーションが大事だから共学」などと短絡的に考えるのではなく、わが子の個性を見極めて、本人とも十分話し合って、迷いながら進路を決めてほしい。

もう一つ、数々の学校を取材してまわった経験からいえることがある。それはおそらく、私がエビデンスを集める学者ではなく、現場で見たこと感じたことを伝えるジャーナリストだから言えることであり、言わなければいけないことである。要するに取材に基づいてはいるがあくまでも私の主観であり、そこにどのような評価を与えるかは読者であるみなさんの自由であることを前提に述べる。

男子校の中にいる男の子たちの精神的に素っ裸になっている様子は、少なくとも日本の共学校では見られないのだ。

男子校にいる男の子たちも共学校にいる男の子たちも、どちらも楽しく快適そうではある。しかしその質が違う。ちょうど、水着を着て男女がいっしょに湯につかるクアハウスと、男湯と女湯が分かれている温泉の違いにたとえられる。

男子校の中にいる男子たちはまるで温泉の男湯にみんなでつかっているようであり、男子校の教室を満たす空気感は、温泉の男湯の空気感そのものだ。一方、共学校の教室の雰囲気はまさにクアハウスのそれと同じなのである。

クアハウスはクアハウスで良いが、男湯で素っ裸になって良くも悪くも自分をさらけ出している無邪気な男の子たちを見てしまうと、「これはこれで残してやりたい」と理屈抜きで思ってしまうのだ。

念のため、最後にもう一度くり返す。全国の高校に占める「男子のみの学校」の割合は二・二%である。

おわりに

本書は二〇一一年一二月に発刊された『男子校という選択』を新版化したものである。八年間で、旧版で紹介した男子校二六校のうち四校が共学化していた。それらを削除したかわりに一六校の男子校を追加した。諸々の理由で旧版では取材ができなかった学校だ。また、宮台真司さんのインタビューも追加した。旧版のとき以来の悲願が今回ようやく実現し、しかも読み応えのあるものになったことはたいへんうれしかった。

それらの情報量を大幅に増やした分、大幅に削ったところもある。たとえば、東大合格者ランキングの見方や、中学受験における偏差値表の見方など、受験情報の見方についてのくだりである。それらについては、拙著『受験と進学の新常識』(新潮社)に詳しく書いてあるので、そちらを参照いただきたい。また、本書では、多くの男子校のルーツである旧制中学がどのような制度の学校だったのかとか、なぜ東京都において私立中高一貫校が隆盛し中学受験文化が栄えたのかについてはほとんど割愛した。詳しく知りたい場合は拙著『名門校とは何か?』(朝日新聞出版)をご覧いただきたい。

男子校の多くは難関校である。いくら男子校に憧れたとしても、子どもの学力とかけ離れた難関校を目指して無茶な中学受験勉強に入れ込むことや受験競争に子どもを過剰適応させることには私は反対だ。〝いい教育〟を受けさせたいからと子どもの限度を超えて勉強させることを昨今「教育虐待」と呼ぶ。無理をさせて仮に希望の学校に入れたとしても、子どもが受けた傷がそう簡単には癒えないことは、拙著『ルポ教育虐待』(ディスカヴァー・トゥエンティワン)に著している。無理をさせない中学受験の取り組み方、志望校の選び方についてては拙著『中学受験「必笑法」』(中央公論新社)を参考にしてほしい。

男の子を伸ばすコツについて男子校で得られた知見を集めた拙著に『21世紀の「男の子」の親たちへ』(祥伝社)がある。本書にも紹介した男子校の教員たちからのアドバイスである。男子校に通わせるか否かは別にして、男の子の親には参考になるのではないかと思う。内容的には実は女の子の親が読んでくれてもまったく違和感なく読めるとは思うのだが。

このたび本書と同時に新版化した『新・女子校という選択』(日本経済新聞出版社)もあ

わせてお読みいただければ、「共学か、別学か」という議論のみならず、現代社会の課題そのものを立体的にとらえる複眼的視点が得られるはずだ。

二〇一九年九月

おおたとしまさ

主な参考文献

- 『男女共学・別学を問い直す　新しい議論のステージへ』（生田久美子編著、坂本辰朗、水原克敏、尾崎博美、八木美保子、畠山大、ジェーン・ローランド・マーティン、スーザン・レアード著、東洋館出版社）
- 『ジェンダーと教育　理念・歴史の検討から政策の実現に向けて』（生田久美子編、東北大学出版会）
- 『ジェンダーから教育を考える　共学と別学／性差と平等』（友野清文著、丸善プラネット）
- 『男性のジェンダー形成〈男らしさ〉の揺らぎのなかで』（多賀太著、東洋館出版社）
- 『なぜ男女別学は子どもを伸ばすのか』（中井俊已著、学研新書）
- 『男女別学で子どもは伸びる！』（中井俊已著、学研）
- 『開成学園　男の子を伸ばす教育』（芳野俊彦著、小学館）
- 『男の子がやる気になる子育て―一歩、踏み出す力を与えたい』（川合正著、かんき出版）
- 『男の子が自立する子育て―18歳までに未来を切りひらく力をつける』（北原福二著、かんき出版）
- 『東大合格高校盛衰史―60年間のランキングを分析する』（小林哲夫著、光文社新書）
- 『明治大学で教える「婚育」の授業』（諸富祥彦著、青春新書）

- 『話を聞かない男、地図が読めない女―男脳・女脳が「謎」を解く』（アラン・ピーズ、バーバラ・ピーズ著、藤井留美訳、主婦の友社）
- 『男の子の脳、女の子の脳―こんなにちがう見え方、聞こえ方、学び方』（レナード・サックス著、谷川漣訳、草思社）
- 『女の子脳　男の子脳―神経科学から見る子どもの育て方』（リーズ・エリオット著、竹田円訳、日本放送出版協会）
- 『共感する女脳、システム化する男脳』（サイモン・バロン＝コーエン著、三宅真砂子訳、ＮＨＫ出版）
- 『セルフドリブン・チャイルド』（ウィリアム・スティクスラッド、ネッド・ジョンソン著、依田卓巳訳、ＮＴＴ出版）
- 『ニューズウィーク日本語版』（二〇〇六年二月一五日号、阪急コミュニケーションズ）
- 『東京私立男子中学校フェスタ２０１４　私立男子中学校徹底比較ガイドブック』（東京私立男子中学校フェア実行委員会）
- 「県立高校における男女共学と別学の違いによる教育的効果の分析」（増渕則敏、２０１５）
- 「日本における男女共学の成立と展開の分析視点」（小口功、近畿大学教育論叢　第26巻第1号、２０１４）
- Jane Van Lawick Goodall, “In The Shadow of Man”
- “Educational Horizon” 2009, Summer

- Alison Gordon,"In a class of their own: boys benefit even more than girls from single-sex schools, A-level grades study reveals," in The Mail on Sunday (UK), June 11 2000, P42
- Clare Dean, "Inspectors say girls' schools are the best," Times Educational Supplement, Octorber 9, 1998
- Judith O'Reilly, "Mixed school hits new heights with single-sex classes." Sunday Times (London), August 20, 2000
- Times Educational Supplement (London, UK), "News & Opinion," August 25 2000, "London School Segregates ..."
- Julie Henry, "Help for the boys helps the girls," Times Educational Supplement (London, UK), June 1 2001
- Valerie Lee and Anthony Bryk, "Effects of single-sex secondary schools on student achievement and attitudes." Journal of Educational Psychology, 78:381-395, 1986
- A. Stables. "Differences Between pupils from mixed and single-sex schools in their enjoyment of school subjects and in their attitudes to science and to school." Educational Review, 42 (3) :221-230, 1990
- Abigail Norfleet James and Herbert Richards, "Escaping Stereotypes: educational attitudes of male alumni of single-sex and coed schools" Psychology of Men and Masculinity, 4:136-148, 2003
- "Sunday Telegraph" March 30, 2003

- María Calvo Charro "La educación diferenciada Un modelo de educación personalizada y una opción de libertad" Simposio Internacional "Familia, educación y género", Barcelona, 12-XI-2005
- David M. Diamond, "Cognitive, endocrine and mechanistic perspectives on non-linear relationships between arousal and brain function" Nonlinearity in Biology, Toxicology, and Medicine, 3: 1–7, 2005
- R.E. O'Dea, M. Lagisz, M.D. Jennions & S. Nakagawa, "Gender differences in individual variation in academic grades fail to fit expected patterns for STEM" Nature Communications, 9:3777, 2018
- 文部科学省ホームページ　http://www.mext.go.jp/
- ＯＥＣＤ　http://www.oecd.org/
- ＮＡＳＳＰＥ　http://www.singlesexschools.org/
- The Gurian Institute　http://www.gurianinstitute.com/

おおたとしまさ

教育ジャーナリスト。麻布中学・高校卒業、東京外国語大学英米語学科中退、上智大学英語学科卒業。リクルートから独立後、数々の育児・教育誌の監修・企画・執筆を担当し、現在は主に書籍執筆や新聞・雑誌・ｗｅｂ媒体への寄稿を行う。メディア出演や講演活動も多数。中高教員免許をもち、私立小学校での教員経験もある。著書は『ルポ塾歴社会』『ルポ教育虐待』『名門校とは何か？』など60冊以上。

日経プレミアシリーズ｜410

新《しん》・男《だん》子《し》校《こう》という選《せん》択《たく》

二〇一九年十月八日　一刷

著者　おおたとしまさ
発行者　金子　豊
発行所　日本経済新聞出版社
https://www.nikkeibook.com/
東京都千代田区大手町一―三―七　〒一〇〇―八〇六六
電話（〇三）三二七〇―〇二五一（代）
装幀　ベターデイズ
組版　マーリンクレイン
印刷・製本　凸版印刷株式会社

ISBN 978-4-532-26410-9　Printed in Japan

日経プレミアシリーズ 411

新・女子校という選択

おおたとしまさ

ジェンダーの壁を超えて、個性や能力を伸ばすには女子校が有利？ いじめがある、男性を見る目が磨かれない……など、偏ったイメージがある女子校教育の実態とは。現役教員、著名出身者の声も幅広く紹介しながら、女子校の存在意義、そこで身につけられる価値を読み解く。受験ガイドではわからない各校の校風、教育理念も満載。

日経プレミアシリーズ 172

中学受験という選択

おおたとしまさ

スポーツに打ち込むのは「素晴らしい」のに、なぜ勉強に打ち込むのは「かわいそう」なのか？ 中学受験、そして中高一貫校での教育は、子どもを大きく成長させる機会。塾・学校選びから、正しい併願戦略、試験に成功するための心構えまで、この一冊で中学受験の「すべて」がわかる。

日経プレミアシリーズ 232

進学塾という選択

おおたとしまさ

東大理Ⅲ合格者の半数は、同じ塾出身である。――「名門」とされる学校は数多くあるが、学力最上位層が通う進学塾は実はごく少数に限られている。進学塾は必要悪なのか。学校には果たせず、塾が果たしている役割とは何か。中学受験進学塾や名門一貫校生御用達塾の実態から、地方別有力塾、塾と教育の今後まで、塾のすべてがわかる。

日経プレミアシリーズ 328

大学付属校という選択

おおたとしまさ

大学入試改革開始を２０２０年度に控え、中学受験で大学付属校の人気が高まっている。入試改革の不透明さを回避するためだけでなく、大学受験にとらわれることのない教育そのものが「脱ペーパーテスト」路線の高大接続改革を先取りしているからだ。早慶ＭＡＲＣＨ関関同立の11大学に焦点を当て、大学付属校で学ぶ意義を探る。

日経プレミアシリーズ 351

かしこい人は算数で考える

芳沢光雄

「平均」には3種類の意味がある？ 大学教授もまちがえる「以上、以下、未満」の用法とは？――物事を「考える」とは、言葉を使って論理を展開すること。言葉を正しく知り、「算数的論理思考」で考えれば、日常の問題は、もっと正しく、深く、賢く解決できます。となりの人に差をつけるスマートな頭の使い方を、人気数学教授がやさしく解説。

日経プレミアシリーズ 400

他人の足を引っぱる男たち

河合 薫

会議でわざと相手が答えられない質問をする、人望のある部下を閑職に飛ばす、同僚の悪評を上司に流す、権力者におもねり反対勢力をつぶす――この現代においても、非生産的な足のひっぱりあいが日本の組織にはびこるのはなぜか？ 個人をむしばみ、〝ジジイ化〟をうながす「会社員という病」の根源に迫る。

日経プレミアシリーズ 404

可動域を広げよ

齋藤 孝

長い人生、何をして過ごしますか？ 日がな家でごろごろするか、次々とやりたいことが見つかるかは、あなたの心掛け次第。好きなものを書き出してみる。得意分野をじわり広げる。偶然の出会いを見逃さない――。〝痛《いた》気持ちいい〟を楽しむ、人生100年時代の生き方・学び方。

日経プレミアシリーズ 405

東京のナゾ研究所

河尻 定

日本の首都はナゾだらけ。「台東区に男性が多く、港区に女性が多い理由」「23区のスタバ空白地帯とは？」「なぜビルヂングが消えていくのか」……。素朴な疑問を日々追う日経記者が、意外な真実を研究発表。「えっ、そんなことが!?」の連続、話のネタ満載。読めば街を歩く視線が、きっと変わります。

日経プレミアシリーズ 407

働かない技術

新井健一

生産性の低い会議に、自社社長の〝ご接待〟、「売上のため」に部下と残業……こんなことをしている人材はもう生き残れない？ ビジネス環境が安定・安泰から遠ざかるVUCAの時代、いまこそ「働かない」ためのスキルを必死で磨かなくてはならない。残業が蔓延し生産性を上げられない職場のボトルネックを人事管理の歴史からひもとき、ビジネスパーソンが身につけるべき真の「働く技術」を考える。